ナチスと鉄道

共和国の崩壊から独ソ戦、敗亡まで

鴆澤 歩 Banzawa Ayumu

NHK出版新書
663

はじめに

鉄道は、その社会や地域、国の顔をよく映すものだ。これは別にドイツに限らない。社会のありさまは、そこにある鉄道をみることで、かなりの部分を語りうる。地域でいえば、郊外私鉄電車の沿線は、「○○沿線」ならではの独自の社会をつくっていることが多いだろう。何某市、といった行政区分は同じでも、どの沿線かによってまったく別の顔になる――というのは、筆者《わたくし》のような「私鉄王国」関西の住民などにはよく思い当たることだ。

現在の様子だけではなく、その社会の経験についてもまた、鉄道は多くを教えてくれる。「鉄道史」という学問分野は、この考えにしたがっている。鉄道業そのものが、歴史をもつ。それは、鉄道業をとりまく社会的・政治的・経済的環境や、人びとの気持ちや考えの変化に応じたものだったろう。

たとえば一国の国鉄や元・国鉄の繁栄や消長をとりあげれば、自然にその国の歴史全体が浮かび上がるはずだ。ほんの小さな路線や、ただ一人の鉄道員、ただ一つの機関車の部品についてとりあげるだけでも、それが属する人間の集団の経験を考えることができる。

鉄道は、とても有用なモノサシだといえる。

ナチス・ドイツについて、私たちはなぜか興味や関心をずっとうしなわずにきた。「ナチ趣味」を公言する人も少なくない。ナチやヒトラーの主張や行動にとても賛成も同調もできないけれど、あの親衛隊の制服には興味がそそられる、といった感覚。好事家《こうずか》的な収集癖やいわば美学的な関心の対象に「ナチス・ドイツ」があるわけである。

けれども、たとえばヒトラーという一個人について、ナチズムの世界観について、議会制民主主義の崩壊から独裁確立の経緯について、ユダヤ人迫害について、第二次世界大戦中に起こった大量の流血と死について、……それらの一端でも、いくらか知れば知るほどに、ナチス・ドイツは理解しがたくなる。私たちの常識を裏切り、日常の感覚からどんどん遠ざかり、何か得体のしれないものになってしまう。

だが、ナチス・ドイツは外国の戦慄《せんりつ》的な過去、というにとどまらない、実は私たちが共有する過去、いや私たち自身の「経験」ではなかったか。ナチス・ドイツの行動の結果である第二次世界大戦が日本史上の出来事でもある以上は、そうなる。

だから、ナチス・ドイツを私たちの言葉でなんとか把握しようとする努力は、つづけられなければならない。

ナチス・ドイツを、私たちは決して神話の怪物視してはならないだろう。理解不能の存在のままでただ恐怖してはならない、とよくいわれるとおりである。

だが一方で、剝製《はくせい》標本かなにかのように「ナチス・ドイツ」の全体像を上手く片付け、レッテルを貼って整理してしまおうとしても無駄である。多くのイデオロギーや理念や学問の枠組みが、それに苦労し、あげくは失敗してきた。この半世紀で、ほぼ使われなくなった概念や用語も少なくないのである。

私たちの日常をとりまく、具体的な「もの」を手がかりにするよりほか、ないのかもしれない。

そこで、鉄道である。

鉄道を動かしたことのある人は限られているけれど、見たことも乗ったこともない人はいない。過去、ヒトラーも、その無数の犠牲者も、鉄路は運んだ。

そして、ナチス・ドイツと鉄道という視点は、実は珍しいものでも突飛《とっぴ》なものでもない。戦争に着目すれば、なおさらにそうである。

鉄道というモノサシを使ってみよう。

なお、いうまでもなく「ナチス・ドイツ」とは、アドルフ・ヒトラー（一八八九～一九四五）政権下のドイツ国家とその社会のことである。一九三三年一月末のヒトラー首相就任から一九四五年四月末の自殺、ドイツ敗戦までとされるのが一般的であろう。

この時期、ドイツの場合、「鉄道」はそのほとんどが国営鉄道ドイツ・ライヒスバーンを指すといってよい。

つまりここにあるのは、独裁体制における国鉄の物語である。

ドイツ国鉄・ライヒスバーンはナチス・ドイツと運命をともにした。これは国鉄が国家所有の公的機関である以上、どんな場合でもある程度避けがたいことだろう。

それにしてもドイツ国鉄は、ナチス・ドイツにおいて、あたえられた役割を忠実に果たし続けた。

最初はそうでもなかった。組織に批判や攻撃を受けても、トップがどこか胸を張って反論すらしていた。出来星《できぼし》のナチ政権などより、一九世紀前半以来の伝統をもつドイツ鉄道業と鉄道人のほうが格上なのである。

だがすぐに、ドイツ国鉄は鉄道一〇〇周年記念行事のパレードで巨大なハーケンクロイツを、自慢の大型機関車の先頭に掲げた。鉄道高速化の国際競争に勝利し、おおいに国威を発揮してみせた。国家プロジェクトの大土木工事に人とモノをありったけ割いた。ナチ要人のために帝政時代の「お召《めし》列車」まがいの専用豪華車輛《しゃりょう》をつくった。

もちろんナチス・ドイツの戦争である第二次世界大戦にも参加した。ポーランド奇襲のために国境まで大量の車輛をおくりこみ、ドイツ国防軍のその後の侵攻とともに進んだ。一時期はヨーロッパ大陸の鉄道網を直接・間接の支配下に置くことになる。

鉄道員は鉄道工兵として戦場に働き、ときには鉄道車輛そのものが兵器としてパルチザンや敵戦車と死闘をくりひろげた。

やがて、子どもを含む何百万人もの人びとを、絶滅収容所という殺戮の現場まで定期的に輸送するようになった。これはドイツ国鉄にとって極秘の一大事業でもなんでもなく、ドイツ交通省鉄道第Ⅱ局第二一課第一係（旅行特別列車担当）の係長が担当する、通常業務にすぎなかった。

総統閣下肝《きも》いりの大プロジェクトというのも、もちろんあった。ヒトラーは輝かしい戦勝ののちには、東欧からロシアにかけての占領地をドイツ人にとっての植民地とするつもりだった。その「生存圏」と大ドイツ・ライヒ（帝国）を往還する、未曾有《みぞう》の巨大な鉄道の計画を請け負った。

敗戦の色が濃いころ、その破天荒なプランは机上ではほぼ完成していた。もしもドイツが戦争に勝っていれば、ドイツ国鉄はおそらくは民族浄化の虐殺と収奪がおこなわれる大地に、最新鋭・世界最大の超広軌列車を走らせる役目もこなす予定だったのである。

一方で、そもそもライヒスバーンは、組織として複雑な成立の経緯もかかえていた。またちょうどそのころ、自動車と飛行機の時代が近づいていた。そのため、ドイツ国鉄・ライヒスバーンは——少なくともその象徴的な存在であった国鉄総裁は——ナチス・ドイツ誕生以前から、たしかに絶えず何者かと戦ってはいた。

だが、第二次世界大戦はどこまでが、ドイツ国鉄が自分たちで望んだ戦いだったのだろうか？　それもたしかめてみなければならない。

「運命をともに」と書いたが、それ以上に直接的に、ナチス・ドイツ敗亡の決定的なきっかけに鉄道という要素が深くかかわっていたというのは、まず記憶しておいてよい。

ナチス・ドイツの意図を決定的にくじいたのは、独ソ戦（一九四一〜四五年）の失敗であった。ヒトラーはじめナチス・ドイツの要人にとって意想外の敗北をまねいたのは、記録的なロシアの冬の寒さやソ連（ソヴィエト連邦）の豊富な兵力、あるいは近年あらためて注目されるソ連・赤軍の巧みな用兵システムだけではなかったといえる。

奇襲による緒戦の表面的な大勝にもかかわらず、所期のごとく数週間でのソ連攻略ができなかったことがすべてのはじまりだった。直後に鉄道輸送がただちに麻痺《まひ》してしまったために、必要な補給ができず、兵力はすぐには回復できなかった。これが、独ソ戦でのナチス・ドイツの目論見《もくろみ》をくじくことになった。

ロシアでのはじめての厳冬の苦境からは何とか立ち直ったといえるドイツ国鉄と国防軍だったが、最初のほころびは、やがて決定的な破局へと彼らとナチス・ドイツ全体を導いていくことになる。

実は、ドイツの鉄道に開戦当初から施設や整備の不足があるのは、すでに専門家や多くの関係者の目にはあきらかだった。外国人にすら、ドイツの鉄道に不備が生じているのを知る者は少なくなかったのである。同盟国日本のある鉄道官吏《かんり》は、一九四一年秋というまだナチス・ドイツが攻勢にある時期に、「ドイツは鉄道施設の整備を忘れていた」と別の外国人の言葉として、雑誌論文で指摘してみせたという。

それをドイツの総統ヒトラーはまったく予想できていなかった。独ソ戦で輸送問題が発生してからも、しばらくは気づいていない。ようやく伝えられてみれば、さすがにこれは解決しなければならないとは考えたが、最後までことの重大さを理解していなかったかもしれない。

独裁者ヒトラーにとって鉄道は、たしかに必要ではあってもどこかで時代遅れのもの、特別の情熱を傾けるに値しないありふれたものというところがあった。本音でいえば、せいぜいは自分の並外れた虚栄心を満たす道具の一つにすぎなかったのではないか。

だが、鉄道路線の破壊と寸断が、ナチス・ドイツの戦争遂行能力を最終的に奪ったのである。

ヒトラーたちの見通しの偏《かたよ》りや判断ミスを嗤《わら》うのは簡単である。

だが、鉄道が古くからあまりに身近なものであるため、一国ないし一社会は、鉄道というものの位置づけを、しばしば間違うのもたしかだ。

それは、私たちにとってもそうではないだろうか。鉄道というもののもつ意味を、私たちはしばしば見誤ってきたかもしれない。たとえば、環境負荷がより少ないという点でも将来性をもつ交通機関だと気づいたのは、ごく最近だった。

これは一例にすぎず、鉄道は二〇世紀社会において長く、ひどくぞんざいに扱われるきらいがあったのではないだろうか。二〇世紀末の、各国における公官庁セクターからの鉄道業の切り離し（民営化）をどう評価するかは、なおこれからの課題となりうるだろう。

ドイツの鉄道は（も）二〇世紀初頭以来、国家の政策のために、めまぐるしく運営の形態を変えた。それを強要されたといってよい。このことの当否もまた、なお歴史上の評価の決着がつききっていないようでもある。ヒトラーの戦略のなかでの致命的なミスとなった鉄道輸送の軽視は、そのなかでは比較的わかりやすい例かもしれない。

戦争に限らず、私たちがここから学べることは少なくなさそうである。

つまり、この日常的な交通機関、慣れ親しんだ「道具」について、意外に私たちは知らない。身近なるがゆえに、的確に評価し、使用する際の厄介《やっかい》さといいかえてもよい。専門家の言を軽視するのは避けるべきで、何に対してにせよやはり「たかが○○」などと言ってはいけないようだ。そこで誤ってしまえば、もたらされる結果は予想以上に致命的といっていい、深甚《しんじん》な影響をもつものになる。

そして、この過《あやま》ちは、素人だから起こすものでもない。玄人《くろうと》たる専門家もまた、それをよりよく知るがゆえに、近視眼の状態に陥《おちい》って、ふと罠《わな》にはまることになる。そうなってしまえば、もう取り返しはつかない。

連合国軍の空爆は鉄道の路線や関連設備を破壊し、この結果、物流は遮断《しゃだん》された。とりわけ石炭などのエネルギー資源が、軍需工場に届かなくなった。エネルギー・プラントそのものの喪失と同等ないしそれ以上の意味がここにはあった。ナチス・ドイツの最後の抗戦を支えてきた軍事生産の設備自体は、空爆に対する懸命の隠蔽や修繕で、実はかなり維持されていた。だが、燃料が干上がってしまえば、終わりなのである。

一九四五年春、東西から侵入する敵によって鉄道管区を次々とうしなったドイツ国鉄は、一国の鉄道の態をなさなくなった。それとともに、国ぐるみが一個の戦争機械と化していたはずのナチス・ドイツも、断末魔の悲惨な地上戦のなかでその機能を停めたのである。

だが、ナチス・ドイツが滅んだあと、深い虚脱状態や意図的な沈黙から脱したドイツの鉄道人たちは、自分や先人たちが精力をふりしぼった「戦争」を忘れるわけにはいかなかった。

なによりも、自分たちの仕事がナチス・ドイツの戦争の最も凶悪な側面を担ったという事実に、再び向き合わねばならない。

これは、「戦後」がどうやら終わったらしい二一世紀の現在もなおつづく、ドイツ鉄道(DB AG)という企業に課せられた社会的責務だとされる。

ナチスと鉄道――共和国の崩壊から独ソ戦、敗亡まで　目次

校閲　髙松完子
地図作成　手塚貴子
ＤＴＰ　佐藤裕久

第一章　前史・統一機関車——ドイツ国鉄《ライヒスバーン》の誕生

（一九一四／一九一八〜二九年）

「旦那さん方。ご覧のように、今日はわたしグラスを洗っているし、皆さんの寝床の用意もしているし、一銭玉のチップをいただけば、いそいで御礼を申します。ご存知のようにボロをまとい、このおんぼろホテルにいますわね。ところが皆さん、ご存じない。誰と話しているのかを」

——ベルトルト・ブレヒト「海賊ジェニー」『三文オペラ』より。以下同

第一次世界大戦への道のり

ナチス・ドイツは、「第一次世界大戦の産物」というリストの膨大《ぼうだい》な項目の、おそらく筆頭にあがるべきものだ。史家イアン・カーショーは分厚いヒトラー伝の一節に、端的にこう書いた。「第一次世界大戦がヒトラーを生んだ」、と。

まず、このあたりの経緯を、年表風にまとめておこう。

さかのぼれば一七世紀、「三〇年戦争」という国際戦争の舞台となったヨーロッパ中央部のドイツ語圏では、「神聖ローマ帝国」の枠組みがさらにゆるんだ。名目上は選挙制のドイツ王が、古代ローマ皇帝の継承者として「皇帝」を名乗って支配していたこの帝国は、もともと中世封建諸侯のゆるやかなまとまりにすぎなかった。

もちろん主権者たる皇帝がほぼハプスブルク家の世襲で君臨し、諸侯らの集まる帝国議会と高等裁判所たる帝国法院があったくらいだから、近世（初期近代）の神聖ローマ帝国が単なる形骸《けいがい》にすぎなかったわけではない。だが、英国やフランスがすでに歩みはじめていた、統一的な国民国家への道筋は、そこにはみられようもなかった。

一八世紀にはドイツ語圏に北方の新興国プロイセン王国が出現するが、帝国内でかつて「辺境」とされた地方のベルリンを王都とする新参の「大国」も、要はドイツ語圏の内輪もめのなかで自国の勢力を伸ばすこと以上は考えていなかった。

やがて一八世紀末、フランス革命がおきる。革命戦争の結果、フランス国民軍を率いたナポレオン・ボナパルト（一七六九～一八二一）によってドイツ語圏は支配下におかれた。

ナポレオンによる占領のショックは、プロイセンをはじめとするドイツ語圏諸邦（地方国家）に、フランスにならった近代化政策をうながした。農民解放や営業の自由導入、商工業奨励策、教育システムの改革などである。

だが、その後の一九世紀半ばの立憲主義的革命（一八四八・四九年革命。ドイツ語圏についてはとくに「三月革命」と呼ばれることが多かった）を経ても、ドイツ語圏は統一的な「国民国家」にはまとまらなかった。

その中欧に、不完全ながら民族国家の体裁をとったドイツ帝国が成立したのは一八七一年である。実態としては連邦制的なこの帝国は、宰相オットー・フォン・ビスマルク（一八一五～一八九八）の作品といえた。

プロイセン王国を故国として愛する、保守主義的な貴族的地主（ユンカー）出身の首相は、戦争という手段も辞さないことで、ホーエンツォレルン（ホーエンツォラーン）家のプロイセン王を「ドイツ皇帝」にするドイツ統一に辿り着いた。

この「鉄血宰相」ビスマルクを追いはらい、親政的な統治をおこなったのが、第三代ドイツ皇帝ヴィルヘルム二世（一八五九～一九四一）である。この世紀転換期（ドイツ語ではフランス語風の「世紀末」よりも、こちらを用いることが多いようである）を、その名も「ヴィルヘルム時代」と呼ぶ。

ヴィルヘルム時代のおよそ半世紀前の一八三〇年代以来、ドイツではそれこそ鉄道建設に引っ張られて工業化が進んだ。これによって、一九世紀半ばを過ぎると、ドイツ経済は「英国産業革命」に追いつくことに成功していた。そしてドイツ帝国の時代、一九世紀第四四半期には工業生産では英国を追い抜き、たくわえた高い技術力を武器に、新興アメリカ合衆国と並ぶ経済大国の地位に駆け上がっている。

ヴィルヘルム時代には、大国ドイツは海外植民地帝国の夢を追うようになった。アフリカ、中近東、中国大陸に権益を求める行動をしばしば起こしたが、ここには落ち着きのな

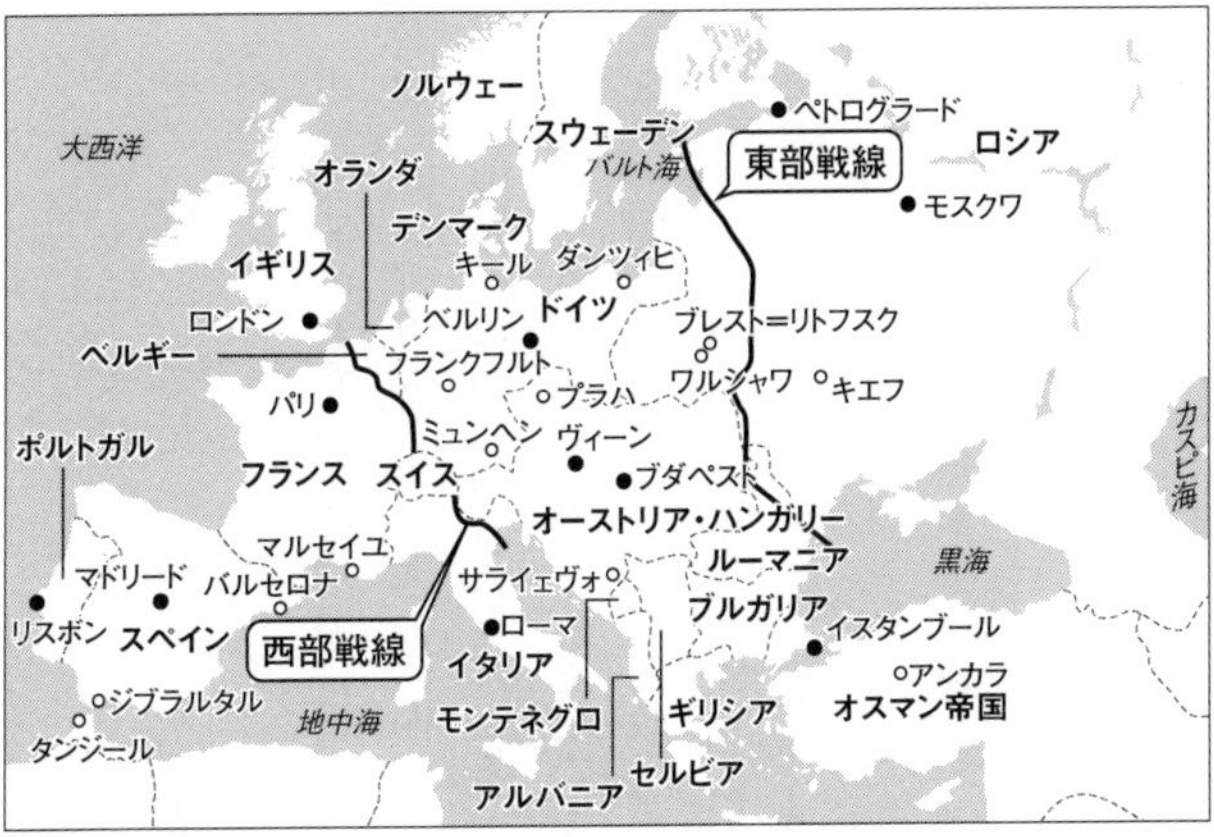

第一次世界大戦時のドイツ・欧州地図

い皇帝の意図が少なくとも世論の呼び水として働いていた。

危うい外交政策とその失敗のはてに、ドイツ帝国は第一次世界大戦を戦うことになる。

帝政の崩壊と敗戦

一九一四年夏になぜ欧州で大戦が起こったのかよりも、それまでになぜ大戦にならずにすんだのかを研究課題にすべきだといわれることがある。事実、欧州外交の緊張は長く続いていた。

一触即発の状況がつくられたのには、やはりドイツ帝国にかなりの責任がある。ヴィルヘルム二世の節度のない言動や、この君主が醸《かも》し出したドイツ社会の雰囲気は、宿敵フランスのみならず英国をも警戒させ、当時の最大の交易相手国を敵方にまわした。ドイツは、いつのまにか自分を対外関係の袋小路に追いやっていたのである。

その結果として起こった第一次世界大戦は、誰しもがみたことのない景色を欧州の人びとの目の前につきつけた。

現代兵器のもたらす破壊力は、おびただしい数の死傷者を生んだ。敵味方あわせて戦死者は一六〇〇万人。当時人口六四〇〇万人のドイツ帝国だけで二〇〇万を超える戦死者が出た。戦傷者は四〇〇万人を超える。

そして多くの人びとが予想もしなかった「大戦」の長期化は、戦時統制下の参戦国の住民を徹底的に苦しめた。国家財政は破綻し、物流が滞《とどこお》って市民は飢餓《きが》線上をさまよった。こうして一〇万単位の餓《が》死《し》者を出したドイツの「カブラの冬」（養豚用飼料のカブラくらいしか配給されないほどの極端な食糧不足を起こした、一九一六年から一七年にかけての冬）の原因の一つは、戦時下の鉄道輸送のパンクであった。

一九一七年、ロシア革命が勃発《ぼっぱつ》。ドイツと戦っていたロマノフ朝の帝政が倒れた。「十月革命」でウラジミール・レーニン（一八七〇～一九二四）率いる共産主義のボルシェヴィキが政権を奪取し、史上初の社会主義国家が誕生した。

レーニンは第一次大戦中、スイスに亡命していた。この革命家の帰国を支援したのが、ドイツである。ドイツ軍部はロシアの連合国軍からの脱落を狙っていた。帝政が倒れてもロシアはなおドイツと交戦中であるが、ドイツ軍参謀本部としては東部戦線を片付けて西部での決戦にのぞみたい。

本来、危険な亡命ロシア人のドイツ国内通過はありえない。これを許すために、ドイツがレーニン一行を乗せた特別の「封印列車」を仕立てたのが有名である。

「封印列車(der plombierte Wagen, the sealed train)」とはものものしい語感だが、実態は普通に使われる急行用旅客車輛であった。要は監視付きで敵国の革命家たちを運んだのである。

レーニンたちは無事ドイツを縦断し、スウェーデン、フィンランドを経由してロシアに戻った。英仏などの手前もあり戦争をやめなかった臨時政府が「十月革命」で打倒され、ソヴィエト・ロシアとの間に休戦が成立したことで、ドイツ軍参謀本部の期待はみたされる。

だが、その甲斐《かい》もなく、ドイツ軍の命運も間もなく尽きた。東部戦線から解放された兵力をあわせて西部戦線において総攻撃(「一九一八年春季大攻勢」)をかけたが、勝利を得られなかったのだ。

そこにアメリカ合衆国が本格的に参戦。ドイツの軍事的敗北は明白になり、軍首脳はひそかに休戦に動き出した。だが、戦場はいまだにドイツの国境の外にあり、兵士の中には、疲弊《ひへい》しながらもドイツの勝利を信じている者が多数いた。

このとき一九一八年一一月、ドイツ革命が勃発した。ロシア革命の主役である労働者と兵士の評議会・ソヴィエトにならった「労兵評議会（ラート。複数形が「レーテ」）」が主役を演じる「レーテ革命」である。各地で労働者と軍隊の一部が蜂起《ほうき》した。

帝政の崩壊と敗戦は、ほぼ同時に起きた。

ヒトラーと「東方への衝迫」

ここで、この男に触れなければならない。

一九一八年一一月一〇日、ドイツ東部パーゼヴァルクの陸軍病院の一室。第一次世界大戦・西部戦線において毒ガスで目を傷《いた》め、後方で加療中だった一兵士アドルフ・ヒトラーは、思いもよらないドイツ敗戦の報を聞いて動転した。

失明の危機におびえていた二〇代終わりのヒトラー兵長（伍長《ごちょう》付上等兵）の心は痛哭《つうこく》の念とともに、祖国を裏切った者たちへの激しい憤《いきどお》りに満ちた。勝っていたはずのドイツに、「革命」という背中からの一撃をくわえた、憎むべき陰謀家たちがいる！　後年、『わが闘争』では、このとき天啓《てんけい》のようにナチズム思想の全体を得たと回想する。

最初期のヒトラーにすでにナチズム的な定見が完成された形であったかどうかには、実際には議論がある。たとえば、ドイツ革命に対しては、復員直後の態度や振る舞いは、まだ曖昧《あいまい》なものであった。ヒトラーがどこで「ヒトラー」になったのかは、これからも議論の続く問題だろう。

第一次世界大戦従軍時、20代のアドルフ・ヒトラー(右端)とされる

「ヒトラーはかれのために書かれていた役を演じた」(リチャード・オウヴァリー)という見方もある。とりわけ東方への「生存圏」をもとめての侵略は、ドイツ語圏において「民族」自活が意識されたときには必ず出てくるアイディアの具現化という側面もあった。

一九世紀前半の経済学者フリードリヒ・リスト(一七八九~一八四六)も、東方植民を唱えた。なおリストは、ドイツに統一的な鉄道網がつくられるべきだと主張した、「ドイツ鉄道の父」である。

さかのぼれば、そもそもいわゆるエルベ川以東のドイツは、中世において当時のスラブ系住民居住地への西からの植民によって「ドイツ」になったものである。ドイツ民族には東方へ東方へと自己を駆り立てるところがあるともされてきた。

もっとも、ドイツ人の民族的伝統であるかのようにいわれてきた、この「東方への衝迫(Drang nach Osten)」には、ごく近い過去の経験の副産物という側面もあった。第一次世界大戦時の海上封鎖と輸送流通のパニックがもたらした先に挙げた「カブラの冬」の飢餓体験が、ドイツ人の東欧にむける視線の偏りをあらためて強くしてしまったのは間違いない。

出発点としての第一次世界大戦

陸続きの土地に自給自足の根拠がなければひどい目にあう、という人びとの骨身に染みた実感は、ナチがこれを本気で共有し、また、のちに都合よく利用したものだともいえる。

もっとも市民・民衆のこのときの実感はあくまで戦時という状況下でのみ妥当するものだった。そもそも第一次大戦前の帝制ドイツにおける国民所得の全般的上昇は、その多くが「第一次グローバリゼーション」といわれる当時の国際交易の繁栄のおかげをこうむったものだった。グローバル化は、その弊害がすぐに目に映りやすく、その恩恵のほうはどうもわかりづらいところがあるようだ。

ナチズムやナチス・ドイツをどの程度アドルフ・ヒトラー個人に重ねるべきか、という長い論争史をもつ、こみいった議論にはここでは触れられない。しかし、ヒトラーひとりに限らず、ナチ党のメンバーとそれに引きつけられていった人びとは、それぞれに第一次大戦の経験を人生において決定的に深刻なものとして持っていた。本書も、その一端を追うことになるだろう。

また、一九二〇年代に「ナチ」と呼ばれることになった多くの人間は、「塹壕《ざんごう》世代」と呼ばれる、一九世紀末に生まれ、大戦では戦場経験を持たざるをえなかった世代に属した。そして大戦後のドイツ経済は、満足のいく職場を彼らの大多数にあたえることには、ついに成功しなかったのである。若年層は恒常的な高失業率に苦しんだ。

社会が自分をふさわしく遇さないという不安と憤懣《ふんまん》の行き場は、支配体制である共和国を否定する過激な政治運動に求められねばならなかった。やはり、はじめに第一次世界大戦ありき。大戦にすべての出発点があった。

それは、「ドイツ国鉄」の成立自体についても、そうなのである。

難航した経営一元化の試み

二〇世紀前半の共和制ドイツ（「ヴァイマル共和国」）とナチス・ドイツにおけるドイツ国鉄を原語に近づけて書くと、ドイツ・ライヒスバーン。「帝国」の意味を本来もつ「ライヒ」の鉄道（アイゼンバーン）だから、しばしば「帝国鉄道」と訳される。別に間違いではない。

だが、ここでやや逆説的な物言いも可能だ。つまり、帝国がなくなったから「帝国鉄道」ができたのである。もしも第一次大戦とその一帰結であるドイツ革命によって、ホーエンツォレルン朝・プロイセン王家がドイツ皇帝位にあったドイツ帝国が消滅していなければ、「ライヒの鉄道」というものは成立していなかったかもしれない。

「帝国鉄道（ライヒスバーン）」というものはすでにあったが、帝国期の国境エルザス・ロートリンゲン（旧仏領土アルザス・ロレーヌ）地方に帝国政府直轄の路線がただ一つあるのを、そう呼んでいただけであった。帝国の崩壊によって共和制の「ライヒ（ドイツ国）」になったことで成立したドイツ・ライヒスバーンを「帝国鉄道」と訳すのは、だから少しおかしいのかもしれない。

また、革命によって「ヴァイマル共和国」とか「ドイツ共和国」という名の国ができたのではなく、民主主義で有名な「ヴァイマル憲法」の正式名称は「ドイツ・ライヒ憲法」

であった。ナチス・ドイツが自称したDas Dritte Reich（The Third Reich）を「第三帝国」とする定訳にも、この点で若干の躊躇《ちゅうちょ》があってもいい。

いまあるこれ（たとえば保守的な伝統社会、資本主義……）でも、将来に来るあれ（非人間的な技術社会、社会主義……）でもない、理想の「第三の国（Das Dritte Reich）」という語は、物質文明からの逃避をはかる世紀転換期のドイツ青年運動のなかに、すでにあった。ギターをかかえて野山を集団でさすらう「ワンダーフォーゲル（ヴァンダーフォーゲル）」は、ベルリン南郊に開発が進んでいた中級・高級住宅地に住む、比較的富裕層の青少年たちがはじめたものだ。第一次世界大戦期に二〇代をむかえた世代である。

ともあれ、ドイツ・ライヒスバーンは第一次大戦とその敗戦の産物であった。一九世紀ドイツ帝国はあくまで連邦制的であり、ドイツ皇帝の下に複数の地域国家（「邦」）が並立していた。その多くは君主国であり、王様は、自前の政府を持ち続けていた。

もちろん帝国宰相オットー・ビスマルクとその後継者の帝国政府は「ドイツ帝国」の統一性を高める制度を設ける努力を続けた。だが、長い分邦主義（パルティクラリスムス）の伝統は、鉄道行政でも強固だった。各邦は経済政策や財政上の理由からも「自前の鉄道を持ってこその独立国」という建前意識からも、それぞれの国鉄（邦有鉄道）をなかなか手放そうとはしなかった。

大戦勃発直後、ドイツ軍参謀本部は、戦時輸送促進の必要から邦有鉄道の統合を要請した。ところが積極的になったのはすでに鉄道の財政状況が悪化していたバーデン、ヴュルテンベルクといった中小邦だけで、バイエルン、ザクセンといった比較的大きな邦は依然として「ライヒの鉄道」に乗り気にはならなかった。

そこに先述のとおり一九一六・一七年冬には、都市部に大規模な餓死が発生するほどの、「鉄道輸送の氷結状態」ともよばれる輸送難が発生する。深刻な輸送悪化は、軍事輸送にも直接影響した。責任の相当部分は鉄道業の分裂にあると考えられ、一八年に入ると、ライヒ交通大臣の呼びかけで邦有鉄道間の話し合いが継続的にもたれるようになる。

だが、ここに及んでも南ドイツ・バイエルンなどの独立性――反プロイセン・反中央意識といいかえてよい――の高い邦が反対し、経営一元化の試みは、ついに時間切れに終わった。

ようやく「ドイツ邦有鉄道連合」のプランがまとまったのは、敗戦の二ヶ月足らず前だった。

ドイツ国鉄・ライヒスバーンの誕生

一九一八年一一月九日午後二時、首都ベルリンにも至ったドイツ革命とそれに対峙《たいじ》する政治家たちのどたばた騒ぎの中で、穏健派・社会民主党（多数派社民党）によって共和国が宣言される。より過激な社会主義革命運動の機先を制して秩序回復を図るつもりの、関係者にも思いがけなかった帝制廃止だった。

その二時間後、戦時下では獄中にあった、より急進的な左派の革命家カール・リープクネヒト（一八七一～一九一九）が遅ればせながら「自由社会主義共和国」を宣言する。この一九一八年一一月以降の冬、ベルリンでは路上での発砲と流血の衝突があいつぎ、内戦状況が出現した。

「スパルタクス団」を名乗り革命貫徹を叫んだ急進的な左派（のちのドイツ共産党）の武装蜂起を、政府と右派「義勇軍」（旧軍関係者が組織した愛国主義的な民間武装集団）がむかえ撃つ。市街戦の巻き添えとなった一般人も含めて、およそ二〇〇名の命がうしなわれた。

一九一九年の「一月蜂起」では、鎮圧側が暴力性で相手を上回った。蜂起の首謀者として、リープクネヒトとともにポーランド生まれの女性革命家ローザ・ルクセンブルク（一八七一～一九一九）も虐殺された。亡骸《なきがら》を市内の運河に投げこまれた「赤いローザ」はすぐに、革命運動のイコンとなる。

この「裏切り」「暴発」そして虐殺の記憶がある以上、後年ナチ党が台頭したときにも、ドイツ社会民主党（ＳＰＤ）とドイツ共産党（ＫＰＤ）は共同して対抗できなかったのである。共産党は社会民主党をある意味で右派以上の革命の敵だとみなしていたし、それには革命理論という理屈もちゃんとついていた。もっとも、ここでそれを紹介はしない。

大混乱の首都を避けた政府と国会（国民会議）は、文豪ゲーテとシラーにゆかりの古都ヴァイマルに、官僚組織をひきつれて、丸ごといったん移った。そしてテューリンゲン州にあるこの地方都市の劇場を議事場にしたて、議会制民主主義の共和国のための憲法（上記の「ヴァイマル憲法」）を起草した。

その第八九条には、はっきりと鉄道の国有化——ライヒ所管がうたわれている。新生共和国は、ドイツ史上かつてない中央集権的な国制をめざしていた。その中央集権志向を、のちに共和制を打倒した独裁体制も引き継ぐのである。

戦争中に鉄道の財政的な意味はうしなわれたとはいえ、分邦主義的な立場から、鉄道の「ライヒ化」にはなお反発があった。一九一九年からはじまった中央政府と（邦政府が転じた）州政府間の経営移譲交渉は、補償額や経営の主体性をめぐって難航し、協定締結は翌年春までかかった。

旧邦の中では、とくにバイエルン州が、「自国」の鉄道を管轄する権限の保持を強く求めた。やむなくライヒ政府は半自律的な「ライヒ交通省・バイエルン支局」設置をみとめている。南ドイツ・バイエルン州はこの後も、「ドイツ国鉄」実現の一大抵抗勢力であり続ける。ようやく一九二〇年五月五日、「ライヒ鉄道（ライヒスアイゼンバーン。翌二一年改称して「ドイツ・ライヒスバーン」）」が正式に成立し、中央政府・ライヒ交通省の管轄下に旧七邦有鉄道が入り、統一的な官営鉄道となった。

ニュルンベルク―フュルト間を最初の鉄道が結んだ一八三五年以来、八〇年以上を経て、ついに「ドイツ国鉄」と呼べるものができたのである。

ルール占領における鉄道

この一九二〇年には二つの大規模な武装反乱が、できたばかりの共和制ドイツを襲っている。

三月、首都ベルリンでは右派政治家と一部軍人のクーデターである「カップ一揆（カップ・リュトヴィッツ一揆）」が起き、労働者・市民一体となったゼネラル・ストライキによる抵抗が功を奏して早々に鎮圧された。その直後、今度は左派過激派の影響下に西部ドイツの労働者が「ルール蜂起」を起こし、「プロレタリア独裁」を目指した。こちらは国軍の投入による大流血の弾圧とともに終息している。

同じ月、表現主義的な意匠をこらした映画『カリガリ博士』の上映開始。ドイツ文化史でいう「黄金の二〇年代」は、血なまぐさい空気のただなかでまず花開いた。

ヴェルサイユ条約の結果、敗戦国ドイツが一方的に課せられていた賠償金は、当時のドイツの国民総生産(推計値)の三年分に相当した。一三二〇億金マルクという途方もない額である。ドイツ政府がたとえ払いたくても――払いたくは全然なかっただろうが――払えない。この賠償金支払い問題は、一九二四年に至るまで解決の糸口を見つけられないまま、内戦的な状況の根本的原因となっていた。

一九二三年には、ドイツ政府の賠償金支払い不能宣言にたいして、フランス・ベルギー両国が、工業地帯ルール地方を軍事占領した。賠償金支払いの意思がドイツ政府にないとみられたことで、欧州最重要の工業地帯が、かねてからの警告通り武力制圧されたのである。工業都市エッセンにおかれていたライヒスバーンの西部運営総局(Obl West)はエルバーフェルトに避難する。

占領軍は、もちろん鉄道運行を真っ先に手中におさめた。一月八日、鉄道運行を停止させ、路線を制圧下におく。まずはドイツ人鉄道官吏・職員を強制退去させた。現地のエッセン鉄道管理局もオフィスを抑えられ、西部ドイツの別の都市ハムへと避難した。

当時の共和国交通大臣は、軍から政界に転じたヴィルヘルム・グレーナー(一八六七～一九三九)。ドイツ革命勃発時にいちはやく国防軍の革命支持の態度を決めた人物だったが、「ルール占領」に対するこのときの判断は正しいものといえただろうか。

グレーナー交通大臣は、共和国政府が苦し紛《まぎ》れに出した「消極的抵抗」の命令に沿って、占領された各地の鉄道管理局長官に、石炭発送ならびに占領軍軍事輸送のサボタージュを命じた。また占領軍との連絡を制限した。多くの鉄道員が、制圧下の職場を自発的に離れた。

すでにエルバーフェルトに逃げ出した西部運営総局の鉄道官吏たちのなかには、四〇代半ばの技官がいた。彼の名は、ヴィルヘルム・クラインマン（一八七六～一九四五）。のち、ナチス・ドイツのライヒスバーン副総裁になる男であった。

クラインマンと東部国境地域

クラインマンは、一八七六年、西部ドイツ・バルメンの生まれ。バルメンは、古くからの工業都市である。一八九六年から一九〇〇年までにベルリン、ハノーファーの両工科大学で建築工学を修めた。兵役を終え、政府建築監督（マイスター）の国家試験に合格すると、一九〇四年からはプロイセン国鉄の建築技師として西部ドイツ各地でキャリアを積んだ。

第一次世界大戦勃発により、三〇代おわりのクラインマンも野戦鉄道部隊に召集され、はじめは西部戦線で、続いて東部での軍務についた。一九一六年からはブカレスト（ルーマニア）に勤務し、ドイツ軍撤退時には同地におかれた第九軍事鉄道管理局長であった。

休戦後は戦後処理に忙殺された。一九一八年には社会主義革命下のモスクワとペテルスブルクに派遣されている。一九一九年半ばにはバルト海沿岸のリトアニア・ヴィルヴュスの軍事鉄道管理局に転任し、ラトヴィアとリトアニアに残っていたドイツの鉄道関連資源の確保にあたった。

帰国後も、髪の生え際が後退しつつあるこの鉄道官吏の前には、大戦後の過酷な——憤慨にたえない——現実があった。一九一九年末、有数の工業地帯であるシュレージエン（現在のポーランド、チェコの一部）のカトヴィッツ（ポーランド名カトヴィツェ）鉄道管理局に着任、翌二〇年四月には上級建築顧問官の称号を得て経営主任となる。国境地帯オーバーシュレージエンの帰趨《きすう》をめぐるポーランド系住民との紛争では、当地路線の主任ならびにドイツ側委員会の一員として対処している。

中東欧では第一次大戦の結果、戦前のロシア、ハプスブルク、オスマンといった多民族帝国が崩壊し、多数の国民国家、ないしは「多かれ少なかれ恣意的に構成民族《ナチオナリテーテン》のうちの一つを国家民族の地位につかせ」た「小型の多民族国家」（ハンナ・アーレント〔大島・大島訳〕）が独立する。ポーランド、チェコスロバキアといった国々である。

ヴェルサイユ条約によって国土の八分の一をうしなったドイツの鉄道は、新たにできた国境線によって路線を分断された。旧ドイツ帝国内鉄道路線のおよそ八〇〇〇キロ分を手に入れたのは、主にこれらの新しい独立国だった。

新興国家と旧帝国の国境地帯では、激しい軋轢《あつれき》が避けられなかった。旧ドイツ帝国東部は、歴史的に民族的混住地域でもあった。シュレージエン地方もその一つで、この地域をシロンスクと呼ぶポーランドと共和制ドイツとの間に、まず帰属をめぐる争いが生じた。

すでにニーダー（下）シュレージエン地方はポーランド領に入っていたが、オーバー（上）シュレージエン地方ではポーランド系住民とドイツ系住民との間で、文字通りの流血の衝突が繰り返され、軍事衝突といっていい規模にすらなる。

結局、ヴェルサイユ条約の規定による住民投票の全体的な結果を無視し、できたばかりの国際連盟の仲介でオーバーシュレージエン地方の分割が決まった。一つのまとまりをもっていた地域経済圏が、これで人為的に分断されたわけである。

鉄道についても、新たな国境に寸断される国際路線としての運行再建は、そう簡単にはすすまない。ライヒスバーン官吏クラインマンの仕事は、そんな当地の鉄道路線の再編となる。これはポーランド側とのわずらわしい交渉ぬきにはありえない。クラインマンは、苦しい「闘争」だったとのち回顧している。

ユリウス・ドルプミュラー（1932年）

ドルプミュラーの着任

ドイツ帝国時代のカトヴィッツ鉄道局は廃止・改組され、縮小されたオペルン（ポーランド名オポーレ）鉄道管理局勤務になった。クラインマンは、ここで新しい上司に出会う。

中国帰りだというヴェテラン技官が管理局長に着任したのである。戦前プロイセン国鉄を飛び出し、十数年にわたり中国の清《しん》朝と中華民国政府の国鉄に勤務、大規模な鉄道工事も指揮したちょっとした有名人であった。このユニークな経歴をもつ陽気な巨漢は、ユリウス・ハインリヒ・ドルプミュラー（一八六九～一九四五）といった。

ドルプミュラーもクラインマンも、分割された国境路線の運営では、新興国ポーランドの荒々しいナショナリズムへの対処に手を焼く日々が続いた。この東部カトヴィッツならびにオペルンでの経験は、クラインマンを右派的な愛国主義からナチズムに走らせる最初の大きな契機となったようである。

東部における旧領土や資源の喪失と民族紛争で、新興国家によって祖国が圧迫を受け、危機がそこにあるという意識を、多くのドイツ人がもった。被害者としてのドイツ人。旧ドイツ帝国によるポーランド人政策や戦時中のことは措《お》くにせよ、その後のナチス・ドイツによる侵略の歴史を後世の私たちは知っているから、これはやや意外ではある。だが、このときの敗戦国民の生々しい戦慄と被害感情は、やはり想像しなければならない。ナチの例外的に不動の綱領の一つである、「生存圏」構想による東方侵攻が、当時のドイツ人の一部にアピールした点がそこにはあった。このことも、当否とは別に覚えておく必要がある。

後述のように、ドルプミュラーには、長官としてのオペルン鉄道管区での業績を、その後の出世のステップボードにしたところもある。だが、その部下である鉄道技官クラインマンは一連の経験で、ネガティヴな被害者的な国民感情を、個人的な実感や一種の信念にしてしまったかもしれない。

彼はドルプミュラー新長官の着任以前からポーランド側との苦しい交渉をつづけ、相当部分を相手に持っていかれることになる鉄道路線の再編という不愉快な作業に従事しなければならなかった。後年、自分の昇進人事を示す官報や新聞の記事では、東部における経歴を書き落とさせることはなかった。

天文学的インフレーション

一九二三年一月、クラインマンは西部ドイツ重工業地帯の中核であるエッセンの西部運営総局に転任する。栄転であるとはいえた。だが、フランス軍とベルギー軍によるルール占領（一月一一日）という事態がここに待ち受けていた。

クラインマンは西部運営総局の避難先から、共和国政府の命じたルール占領軍への消極的抵抗を伝達し、鉄道員の抵抗を組織したとされる。

占領軍はルール地方の鉄道を、独自の占領区鉄道管理局（RCFTO- Régie）をもつ五四〇〇キロの運行単位に分離再編し、駅には自国旗をかかげ、フランス語が印刷された切符を発行した。フランスとベルギーの鉄道員一万五〇〇〇人が働きはじめ、七〇〇〇人の鉄道勤務経験のないドイツ人が雇用された。

占領区管理局はライヒスバーン鉄道員の職場復帰を強制しようとしたが、うまくいかなかった。この地域では、かつてライヒスバーンが一〇万人を雇用していたのである。当然のことながら工業地帯の鉄道運行は停頓し、ドイツの他地域路線との連絡はズタズタになった。とりわけドイツ国内への石炭発送の激減が深刻視された。

占領軍による遮断と共和国政府による消極的抵抗命令は、こうしてドイツ国民経済における産業活動の沈滞を招き、すでに深刻だったドイツのインフレーションを決定的に悪化させた。

一兆だの五兆、一〇兆だのといった星の数を数えるのにしか使わないはずの数字が、いまや中央銀行の発行するマルク紙幣や自治体、企業が出す緊急通貨に印刷されていた。この「天文学的インフレ」はもはや貨幣経済そのものの崩壊であり、ドイツの市民生活は破《は》綻《たん》する。

またもちろん、消極的（ないしゲリラ的な実力行使の）抵抗に加わったルール地方の労働者はじめ、多くの人びとが占領下で逮捕・投獄を経験し、あるいは命を落とした。一九二三年末までに、二五五八人が逮捕、四五六人が逮捕もしくは処罰され、一二人が殺された――という数字がある。

崩壊の瀬戸際に追い込まれた新生共和国は、一九二三年九月、グスタフ・シュトレーゼマン（一八七八～一九二九）の新内閣が、ルール地方の消極的抵抗を停止。首相を退いたのちも外相として共和制ドイツの国際社会復帰に尽力するシュトレーゼマンは、連合国に課せられた枠組みを受け入れる現実的な策をとった。

そこに差しのべられた手が、アメリカ合衆国の財政家・銀行家チャールズ・ドーズ（一八六五～一九五一）を中心とする、賠償金支払い問題の国際的解決をめざす「ドーズ委員会」であった。一九二四年に組織された、連合国賠償委員会中の小委員会である。

彼らの出した「ドーズ案」は、賠償金支払い条件の緩和とアメリカ資本によるドイツへの借款《しゃっかん》提供を柱とした。そして「ライヒ最大の資産」であるドイツ国鉄・ライヒスバーンは、賠償金支払いに重要な役割を担わされることになる。

鉄道が共和国を救う

一九二四年八月三〇日、一種の国際管理下におかれた特殊会社組織「ドイツ・ライヒスバーン社(Die Deutsche Reichsbahn Gesellschaft／DRG)」が発足した。同時に一一〇億金マルクの賠償債券を発行し、連合国の任命した管財人に引き渡したが、この債券の利息・償還が賠償金支払いにあてられることになった。

年三～五％の利子支払いをおこなう営利企業ライヒスバーンの最高意思決定機関は、通常企業の監査役会を超える大きな権限をもつ監理会である。そのメンバーの半数はドイツ政府から出たが、残り半数の九名こそは、賠償債券を託された連合国の代理人であった。英国、フランス、ベルギー、イタリアという戦勝国代表の顔がみえる。

国鉄を外国に売り渡すものであり、「ライヒスバーン」ならぬ「ドーズ・バーン」だ――という轟々《ごうごう》たる非難は避けられなかった。右派のみならず、左派・ドイツ共産党も議会ではこの「ライヒスバーン法」に最後まで反対した。

だが、長く鉄道国有化に献身してきた議会政治家である、当時のライヒ交通大臣ルードルフ・エーザー（一八五八〜一九二六）の意思は固かった。国際協調派の経済人カール・フリードリヒ・ジーメンス（一八七二〜一九四一）に監理会会長を依頼し、みずからも病身を押してライヒスバーン運営の実務機関である理事会の会長すなわち国鉄総裁（Generaldi-rektor）のポストに就く。

ジーメンスは、国際的な電機メーカーであるジーメンス・グループの総帥《そうすい》。国際協調は年来の政治理念であると同時に、家業である自社の輸出市場回復の利益とも矛盾しない。もっとも、課せられた賠償金はドイツ経済にとってたしかに大変な重荷であった。この後、一九二五年から三〇年までにドイツは毎年ＧＤＰの二・五％にもあたる額を差し出した計算になる。

だが、国際協調はもちろんマイナスばかりではなかった。ヴェルサイユ条約の受け入れで軍備を制限されたことで、戦前にくらべてドイツの軍事支出は大幅に減ったが、これによって国家財政はずいぶん助かったのである。そして何より、賠償金支払いで購《あがな》ったといえる平和とともに、国際経済では国際金本位制のル

ドイツ・ライヒスバーン社のエンブレム

ールが復活し、ドイツの産業は輸出市場で利益を得られるようにもなった。世界市場で勝負する巨大電機メーカーの総帥が期待したとおりであった。

そしてジーメンスとエーザー交通相のふたりが新時代の鉄道人として高く評価したのが、オペルン鉄道管理局長官を振り出しに活躍していた、異色の鉄道官吏ドルプミュラーだった。彼はまず副総裁に抜擢《ばってき》され、ついには第二代のライヒスバーン総裁に引っ張り上げられることになる。

国鉄総裁就任までのドルプミュラー

一九二六年六月三日、エーザー総裁が病死。総裁指名権をもつ監理会はただちにドルプミュラー副総裁の総裁昇進を決定した。

ところが共和国第二代大統領パウル・フォン・ヒンデンブルク（一八四七～一九三四）が正式にこの人事を認可・発令するには、一〇月一九日までかかっている。

ジーメンス監理会長の即断即決への批判やその背後にうかがわれる経済界の意図への反発が、政府、議会、労働組合、官界……といったほぼ全方面の関係者から噴出したためである。当時の新聞にも、はっきりとこの人事がサプライズであると書かれている。

とくに旧邦有鉄道官吏グループからなる国鉄官界への批判は、新総裁に推されたドルプミュラーその人に対してもむけられた。

ドルプミュラーは、いかにも逸脱の多いキャリアの持ち主だった。文官ではなく技官出身というのが、最高幹部としては、まず異色。第二次大戦後の日本でも下山定則《しもやまさだのり》国鉄総裁が技官からトップに就任したのは異例とされたが、ドルプミュラーが最初に奉職した一九世紀末のプロイセン国鉄（邦有鉄道）においても、技官には露骨な昇進上の不利があった。工科大学卒で、国家資格試験をパスしたエリート技師であったとしても、鉄道管理局長官より高位の幹部ポストとはほぼ無縁であった。

ドルプミュラーはこれに嫌気がさし、一九〇七年夏に妹を連れて中国に渡ってしまう。すでに述べたように、清朝末期から辛亥《しんがい》革命、中華民国初期までを中国の国鉄で指導的な技術者としてすごし、黄河鉄道橋などの巨大プロジェクトで名を馳《は》せた。

中国生活は四〇代半ばをすぎるまで続いたが、第一次世界大戦勃発によって状況が一変した。ドイツの敵国になった中国での半抑留状態を嫌って、革命下のシベリアとロシアを潜行する冒険によって帰国し、末期の大戦に鉄道部隊の士官として従軍する。

キャリアの決定的な転機は、大戦後にあった。一九二二年五月、すでにクラインマンの経歴でみたように、ドルプミュラーはオーバーシュレージエン地方の国境に新設されたオペルン鉄道管区の鉄道管理局長官に任命された。

当時まだ、長官昇進自体がドルプミュラーのような技官にとっては抜擢だったが、非常事態には彼のような型破りの鉄道官吏がふさわしいと考えられたのであろう。国境線の変更でできたオペルン鉄道管区は、最初はロゴ入りの公用箋すら準備できないほど慌てて設置されたものだった。

新しいドイツの東部国境においては、新興ポーランド国家の攻撃的なナショナリズムに対峙させられることになったが、この難しい管区の長として二年間をすごし、困難な調整に取り組んだ。これが、新交通大臣エーザーの目にとまったのであった。

オペルンからロンドンに派遣され、ドイツ鉄道業の立場からドーズ案作成会議の諮問委員に加わった。直接的にはこの功績が、顕職であるエッセン鉄道管理局長――ただし中核都市エッセン自体はなおルール占領下にあったが――を経て、新会社ライヒスバーン副総裁へのきわめて異例の昇進をもたらしたのである。

人はいかにしてナチになるのか

共和国がようやく落ち着きだしたころ、消極的抵抗命令の解除によって、ルール地方のライヒスバーン従業員は徐々に職場復帰していく。

西部運営総局のヴィルヘルム・クラインマンも鉄道顧問官の称号を得て、それなりに昇

「ビアホール一揆」現場跡をのぞむ（ドイツ・ミュンヘン）

進した。生粋《きっすい》の鉄道官吏クラインマンがナチズムに惹《ひ》きつけられたのは、この一九二〇年代前半、ナチ党とアドルフ・ヒトラーの最初の勃興期であった。

フランス・ベルギー連合軍によるルール地方の占領（一九二三年一月）が一〇ヶ月も続き、天文学的インフレーションが猛威をふるっていた一一月八日、ヒトラーはミュンヘンで武装蜂起による政権獲得と、それに続くベルリンへの進軍を試みた。有名な「ビアホール一揆」ないし「ミュンヘン一揆」または「ヒトラー一揆」といわれるものである。

この一揆自体ははなはだお粗末なものに終わったが、よく知られるように、片々たる地方政治家ヒトラーの全国的な著名人としての飛躍は、この事件の裁判を政治ショーの場所にしたときにはじまる。

ヒトラーの能弁は、極右に同情的なバイエルン州の裁判官の前でいかんなく発揮され、その様子は新聞報道やラジオ・ニュースによってドイツ中に広まった。ちょうど聴取料値下げによるラジオの普及期であった。

ナチとの関係が深まるうえで、ルール占領もクラインマンにとって大きな意味をもった。ナチ党員には、ルール占領への抵抗で命を落とした者もいた（ナチ党がそう喧伝《けんでん》しただけで、占領軍に処刑されたのはナチ党員ではなかったともいわれる）。

敗戦と革命による帝国の崩壊、過酷な対外関係、経済の破綻——戦後の経験で少なからず傷ついたクラインマンのナショナリスティックな心情が、ナチズムが発散する剝《む》き出しの敵意に共鳴したようである。

クラインマンにとっては大戦中のブカレストでの鉄道部隊勤務よりも、その後の東欧や新国境地帯での戦後処理業務のほうが惨《みじ》めで苦しいものに感じられたはずである。であればこそ、ナチも振り回した「匕首《あいくち》伝説」（ドイツは軍事的に敗北したのではなく、敗戦はドイツ革命を起こした陰謀家たちの責任で、ドイツは「後ろから刺された」も同然だとする考え）の裏切り者の存在を信じることもできたであろうし、東部における脅威は誰よりもよくこの自分が知るのだと思えただろう。諸悪の根源が何よりもヴェルサイユ体制にあるのも、骨身に染みてわかっていると思えただろう。

さらに、社会のエスタブリッシュメントの一角にありながら、矯激《きょうげき》なまでに体制批判的な政治運動にコミットした人物については、ごく個人的な感情――たとえば嫉《しっ》妬《と》や不遇感というものも、考えに入れなければならないかもしれない。

ライヒスバーンと小政党

クラインマンも対処に血《ち》眼《まなこ》になったルール占領問題の解決がようやくみえたところで、新会社ドイツ・ライヒスバーンが成立する。特殊会社に改組された新ドイツ国鉄の副総裁になったのは、クラインマンのかつての上司ドルプミュラーであった。

ところが、ドルプミュラーが総裁に昇任すると、後を襲って副総裁になったのはヴィルヘルム・ヴァイラウフ（一八七六～一九四五）で、クラインマンと同年生まれだった。クラインマンの就いていた西部運営総局の主任も決して閑職ではないが、本社のナンバー・ツーや理事会メンバーにはなお遠い。しかも法学博士号をもつヴァイラウフは筋目のよい文官で、クラインマンのような技官に比べて出世という点ではるかに恵まれていた。

そして新副総裁は、政治的には社会民主党（SPD）に近いリベラルな考えの持ち主であるとみられていた。また、理事会や本社ではもちろんユダヤ系職員が活躍している。クラインマンが誰に反感をもつべきかは明白であり、ナチズムの「思想」はその不遇感をそれなりに立派な(?)理屈で裏打ちしてくれただろう。

特殊会社ライヒスバーン成立の時期は、短い入獄中のヒトラーが『わが闘争』を口述筆記させていたころと重なる。クラインマンのナチ党への正式入党はやや遅く一九三一年になるが、三三年一月のヒトラーの「権力掌握」のずっと前から「国民社会主義」の活動に参加していた。このことはナチ期を通じて、本人が好んで強調した。

輸送業務をつかさどる西部運営総局の幹部職員であったから、ヒトラー出獄後の党再建と党勢拡大の時期を通じ、選挙活動の遊説やヴァイマル、ニュルンベルクにおける党大会での大量の人員の移動などで便宜をはかってやることができた。一九二七年八月一九日から二一日の第三回党大会では二万人がニュルンベルクに集まっている。

まがりなりにもドイツ社会が落ち着いた一九二〇年代後半の「相対的安定期」は、出獄したヒトラーとナチにとっては党再建こそできたものの、国政選挙の結果もふるわない、あまり面白くない時期だった。ヒトラーの演説禁止措置が各地で解けていたのも、逆に当局がナチ党を軽くみていたあらわれでもあった。

つまり、クラインマンという鉄道高官は、マイナーな政党にひどく肩入れしてやっていたのである。

ライヒスバーンの技術研究・開発

混乱のなかで船出した「ヴァイマル共和国」は、一九二〇年代後半になってようやく政治的・経済的に落ち着いていた。「相対的安定期」である。基本的に穏健な中道連立政権は、敗戦国の立場に甘んじて国際協調路線をとり、国際連盟にも加盟できた。

この時期、ライヒスバーン総裁ドルプミュラーは戦後の鉄道業の再建と「ドイツ国鉄」の確立に取り組んだ。その試みは、成功したといえる。ドイツ帝国の縮小、すなわちその分の路線の縮小でかかえこんだ過剰人員を減らすことも含めて経営合理化を図ったのである。

もっとも、革命によって誕生した共和国の強力な労働組合が相手だから、好きなように首切りできたわけではない。大量解雇をなるべく避けながら、さまざまな効率化をこころみ、労働生産性をあげた。この結果、経営は安定化し、賠償金支払い義務である、年およそ六億ライヒスマルクを二億ライヒスマルク上回るほどの収益があがった。

これよりさらに熱意を注ぎ、大戦から一九二〇年代前半の混乱期に衰弱《すいじゃく》したインフラを整備した。この結果、運行サービス面でも、一時は滅茶苦茶な状態だった運行ダイヤがきわめて正確なものになった。総裁みずからが「駅で列車をみて懐中時計の針を直した時代に戻った」と喜んでみせたという。

統一（制式）機関車〇一形（1930年代後半）

技師あがりの総裁は新技術の導入に熱心であったが、とくに新車輌の導入には金を（できるだけ）おしまなかった。一国レベルで統一された「ドイツ国鉄」の確立のためには、それまで各地の邦有鉄道がばらばらに開発運営していた機関車や車輌の規格番号を変更して揃えるだけでは足りない。全国規模での長距離運行を実施するには、各地でのメンテナンスを容易にしなければならない。そのために規格を絞り、部品の互換性を高めた「統一機関車（制式機関車）」が必要であった。

ライヒスバーンの技術研究・開発を担うベルリンの中央局（RZA）に勤務するリヒャルト・パウル・ヴァーグナー（一八八二〜一九五三）を中心に、機関車の代表的なメーカーであるボルジヒ社などの参加も得て、一九二〇年代半ばには最初の統一機関車〇一形・〇二形が開発された。

ヴァーグナーのもとに集められた各地の旧邦有鉄道のスタッフのあいだでは、新制式機関車は二シリンダーにするか四シリンダーにするかで意見が対立した。結局、それぞれ一〇台ずつをつくるという妥協が成立する。いかにも寄せ集めの新所帯らしいといえた。

二シリンダー車の〇一形〇〇一号はベルリンのボルジヒ工場で一九二五年に完成した。発注額は一六万ライヒスマルク。シリンダー直径六五〇ミリ、先輪直径八五〇ミリ、流線型カヴァーをもつ、最大運転速度時速一二〇キロの急行用車輛であった。一九三八年までに二三一台が製造された。

〇一形より一足早く完成、導入された四シリンダー車が〇二形である。ヘッセン州カッセルに本社のあるヘンシェル社、南ドイツ・バイエルンのマッファイ社が合計一〇台を製造した。実地運転で〇一形と比較してみると、両者の性能は一長一短というところであったという。勾配《こうばい》の多い路線区間で大重量の車輛を牽引するのにこの四シリンダー車はまさっていたが、通常運転での経済性やメンテナンスのことを考えると〇一形に分があった。〇二形は一九三〇年代末に二シリンダー車に改造され、〇一形に改番されることになる。

こうした試行錯誤はあったが、「統一機関車」〇一形は成功し、より重量が軽く、主要幹線以外の線路にも対応可能な急行用制式機関車〇三形が一九三〇年につづいた。また、一九二八年には、「ラインゴルト（ラインの黄金）」の名で知られる国際特別急行の豪華列

「ラインゴルト」の一等車車内

車を、ライン河畔の観光ルート沿いに走らせるようになる。

回復する国際的地位

敗戦で傷ついたドイツ鉄道の国際的地位の向上にも、ドルプミュラーは心血を注いだ。

これより十数年前の第一次大戦までは、中欧に分厚いネットワークをもっていたドイツ帝国とオーストリア・ハンガリー帝国の鉄道が、国際的な鉄道連絡においては中心的な地位を占めていた。一九世紀半ばにつくられていた「ドイツ鉄道管理体協会（VDEV）」は、ドイツ帝国の鉄道にとどまらない国際的な組織で、ベルギーやオランダ、中欧・北欧諸国の鉄道に強い影響力をもち続けた。

有名なオリエント急行がパリとイスタンブール間を結んだのが一八八三年。この路線もドイツとオーストリアの領土を通過していた。当時、ドイツ帝国の仮想敵国であったフランスは、だまっていられない。ドイツ・オーストリアの領域を避けてオリエントと連絡する路線をなんとかつくろうと、第一次大戦前からスイス・イタリア国境のシンプロン・トンネルに出資していた。

難工事の末に当時世界最長の鉄道トンネルが開通すると、第一次大戦後、フランスは新しくシンプロン・オリエント急行を開業している。パリから東欧を経て南欧、さらに近東に直接の連絡ができる国際路線の形成を進めるものだが、敗戦後のドイツをこれらの土地から押しのけようという意図はあきらかだった。

一九二五年のロカルノ条約で欧州安全保障の協調的な枠組みができ、対独関係が改善するまで、フランスの排斥的な態度は続いた。この二〇年代後半、国際経験豊富なドルプミュラーは国際協調の枠組みを守り、フランス主体の鉄道国際化にも積極的に参加した。欧州レベルで統一的な新型ブレーキの採用などについて、フランスはじめかつての連合国の代表の意見がとおるのも受け入れた。

車列への過剰投資やそれによる他の設備とりわけ電化の遅れといった問題はありながら、ドイツ・ライヒスバーンは新時代の鉄道として国際的地位の回復を果たしていく。一九三〇年代の本格的な高速化も、この時期に着々と準備されていたのである。

ドルプミュラー総裁のライヒスバーン社（ＤＲＧ）は世界最大級、少なくともドイツ最大の企業であった。一九三〇年代初頭当時、資本金二七〇億ライヒスマルク。これは第二位の郵便事業（三〇億ライヒスマルク）、合同製鋼（一二億八〇〇〇万ライヒスマルク）、化学メーカーI・G・ファルベン（一二億六〇〇〇万ライヒスマルク）、総合電機企業ジーメンス・コンツェルン（五億九〇〇〇万ライヒスマルク）、ドイツ銀行（五億一〇〇〇万ライヒスマルク）などの主要大企業と比べても格段に大きい。

またライヒスバーンは、当時計六〇万人の従業員（官吏職員・雇員・労働者）をかかえていた。同時期の郵便事業が従業員数三七万人、私企業では合同製鋼が一五万人、I・G・ファルベンや総合電機企業ジーメンス・コンツェルンがおよそ一一万人である。

ライヒスバーンには現役の従業員に加えて四〇万人の年金・恩給受給者がいたので、従業員家族もあわせれば、ドイツの人口の五％にあたる三〇〇万人がライヒスバーンの直接的な関係者だったともいえる。これに関連業者を入れれば、ライヒスバーンで食っていたといえる人びとの数はもっとふくれあがる。このあたりにも、賠償金支払いの柱として営利を要求されつつも間違いなく公益事業、というライヒスバーン社の矛盾した性格がみてとれる。

ライヒスバーンの営業キロ数は五万四〇〇〇キロ弱であった。これを諸外国の鉄道と比較すると、英国の全鉄道の営業キロ数の一・六倍、フランスの七大主要路線をあわせたものの一・二倍、イタリア国鉄の三倍以上にあたった。同時代の大正期の日本国鉄（官鉄）の五倍以上である。アメリカ合衆国の主要路線はけた違いに大きく、三九万キロ弱であったが、サウス・パシフィック鉄道、ペンシルヴァニア鉄道、ニューヨーク・セントラル鉄道を合わせたくらいがちょうどライヒスバーンの規模となる。

人キロ（旅客数にその輸送距離をかけた数値）、トン・キロ（貨物のトン数にその輸送距離をかけた数値）といった輸送実績で比較すると、人員輸送ではアメリカ合衆国とほぼ同等、英仏を常に三〜四割上回り、貨物輸送では合衆国にははるかに離されているものの、英国に対しては二倍以上の差をつけ、フランスを二〜三割上回っていた。

「相対的安定期」には、六年計画での野心的な設備増強計画もたてていた。ドイツでは大不況に先立って景気停滞が起きていたので、一九二八年には最初の一年目で計画はストップさせられたものの、ライヒスバーンは戦間期に一大車輛ストックをつくったのである。

大不況とナチ台頭

しかし、一九三〇年代初頭、「世界大不況」がドイツを襲った。

全国政党としてはパーセンテージで一けた台の得票率しかなかった国民社会主義ドイツ労働者党（NSDAP）、すなわちナチ党の勢いは、ここから一気に高まった。

ドイツ経済は一九二八年ごろには不況と失業増のきざしをすでにみせ、ドイツ経済は高賃金・高コスト体質の「病《や》んだ経済」ではないかというのが、経済界ではすでに強迫観念のようになっていた。

そこに大不況である。「ドーズ案」以降のドイツ経済を支えていたアメリカ合衆国の短期資本の一斉引き上げがあったといわれるが、外国資本などの解約に応じきれない欧州大陸の銀行が雪崩《なだれ》をうって倒れた。金融恐慌が起きる。

産業に支配的な力をふるっていたベルリンの六大銀行は、パニックに陥った預金者による預金引き出しと、倒産企業に対する貸し付けの焦げ付きで、崩壊の危機に瀕《ひん》した。そのため、主要銀行は一九三二年はじめには軒並み国有化されざるを得なかった。この間、中小銀行の四分の一、プライヴェート・バンクの四割弱が消滅した。金融機関が力尽きると、信用供給がますます悪化し、企業の破綻による景気崩落のペースはあがる一方となった。

工場や事業所は閉鎖されて、大量の失業者が街路にあふれた。とりわけ鉄鋼業や造船業などの古いタイプの重工業が大きな打撃を受け、それらの企業のお膝元である都市の街路には、打ちひしがれた失職者がひしめいた。たとえば、北ドイツの貿易港ハンブルクの伝統ある大造船所では、四〇％以上の労働者が解雇されている。

また農産物価格の低落が原因で、農村では窮迫《きゅうはく》した農民が耕地を次々と手放した。

この間、国際貿易は加速度的に収縮し、各国は利己的な貿易政策を競った。自国通貨の価値引き下げといった「近隣窮乏化政策」の横行や、大国による排他的な経済圏（ブロック経済）の成立は、世界経済をますます不安定に陥れる。外資に支えられ、輸出に頼ってきたドイツの産業は苦しんだ。ドイツの輸出高は短期間に半減した。

経済危機は社会不安をまきおこし、「ブルジョワ共和国」をはげしく攻撃するドイツ共産党（ＫＰＤ）の勢いが、まず増す。この当時の各国の「共産党」は、ソ連のもつ国際共産主義の司令塔コミンテルン（「第三インターナショナル」）の各国支部である。ＫＰＤも当然、ヨシフ・スターリン（一八七九～一九五三）独裁体制のソ連指導下にある。

これに対し、政界保守派や経済人の一部には「革命近し」の危機感が過剰なほどに高まった。右派勢力を糾合《きゅうごう》するものとして、ヒトラーとナチ党への肩入れを強める者が出てくる。ナチ党の有名な大衆宣伝や斬新で印象的な選挙活動は、ここからの資金にも支えられた。

それにしても三〇年代初頭の選挙におけるナチ党の躍進は急激であった。一九二八年の国会選挙では全国得票率が三％を切り、一二議席しか得ていなかったのに、三〇年国会選挙では一九％を獲得し、社会民主党（ＳＰＤ）に次ぐ国会第二党の地位に駆け上った。

同じころ、テューリンゲン州政府にはナチ党員が入閣した。共和制の憲法ができた都市でもある州内のヴァイマルでは、ナチの州内務大臣が「非民族的」な芸術文化への抑圧をはじめていた。これには、「わけがわからない」前衛的な現代芸術に反感をもつ一部の市民の賛同や喝采《かっさい》もあった。

一種のナチ・ブームが起こっていた。

中間層のみならず、上層市民から労働者にいたる社会の広範な層からナチ党への投票者が大量に出ていた。旧《ふる》い通説とは異なり、ナチ党の台頭を支えたのは、没落の危機におびえる自営業者や農民などの旧中間層や、ホワイトカラー、官吏などの新中間層だけではなかった。選挙におけるナチ党の草刈り場は、一部の上層市民のみならず労働者にも広がっていたのである。

第二章　レール・ツェッペリンと「飛ぶハンブルク人」

（一九三〇～三二・三四年）

「でもある夕方、港で叫び声がするでしょう。で、皆さんは訊くのよ、あれはいったい、何の叫びだ？　そしてわたしがグラスのそばで笑っているのを見るでしょう。それで言うのよ、あいつは何を笑っているんだ？　すると八枚帆の、大砲を五〇門積んだ船が波止場に入ってくるでしょう」

レール・ツェッペリンの実験

ヨーロッパに金融恐慌の嵐が吹き荒れる一九三〇年代初頭、ドイツ国鉄・ライヒスバーンは一方では鉄道高速化をめぐる国際競争に熱中していた。

財務状態は決して楽ではなかった。輸送機関である鉄道は、もちろん世界大不況で深刻な打撃を受けた。一九三〇年という不況期の収入はそれでも四六億ライヒスマルクで、これは同年の英国を二割、フランスを四割ほど上回っている。

しかし特殊会社ライヒスバーンは、共和国政府によって雇用維持政策の負担も背負わされていた。一九三一・三二年度雇用創出計画では、二億六二〇〇万ライヒスマルクを路線整備の公共事業に投じている。高速化推進はドルプミュラー総裁の、よくいえば鉄道の将来を見据えた見識、悪くいえば多分に見栄っ張りの「こだわり」によるものだった。

当時のライヒスバーン社の財布を預かっていたのは、一九三一年に財務担当理事にのぼったルートヴィヒ・ホムベルガー（一八八二〜一九五四）というユダヤ系の人物である。派手な設備投資を好んだドルプミュラー総裁によるライヒスバーン経営は、この危機下も学究肌の能吏ホムベルガーの手腕になんとか支えられていた。

もっとも、鉄道高速化が課題であるというのは、当時の鉄道人にとって世界的な共通認識であったといってよい。一九世紀末以来、鉄道のスピード競争は英米両国を中心に国内外ではじまっていたが、第一次大戦をはさんだ飛行機の性能の飛躍的上昇は、鉄道人をとくに刺激した。

このころの夢は、時速二〇〇キロであった。一九二七年、ペンシルヴァニア鉄道の特別列車がワシントン—ニューヨーク間約三四〇キロを三時間で走り、途中区間で世界最高速度時速一一五マイル（約一八五キロ）に肉薄している。

カナダなども加わった蒸気機関車によるスピード競争から、ライヒスバーンは国内に競争他社がないこともあって距離を置いていた。だが、ライヒスバーンは抜本的な技術革新という別の角度から、列車の国際的なスピード競争で一躍先頭に躍り出た。

一九二八年、四〇代半ばの元航空技師フランツ・クルッケンベルク（一八八二〜一九六五）

は特許を取得し、つづいてプロペラ付きの超高速車輌の建設と実験のための会社を設立した。その名も「有限会社飛行軌道(Flugbahn GmbH)」。クルッケンベルクらは、第一次大戦後のヴェルサイユ条約にもとづくドイツの軍備制限のせいで失職した経験の持ち主である。すでに二四年には「軽量・流線型の車体による最高時速二〇〇〜三〇〇キロを出す飛行機のような車輌」というアイディアを温めていた。「軍民転換」、すなわち技術の軍需から民需への転換の一例ともいえる。

飛行軌道社は一年で、長さ二五・八メートルの車体が一八・五トンという、超軽量の流線型の車体を完成させた。飛行船ツェッペリン号にちなんで、「レール・ツェッペリン」の愛称があたえられた。ＢＭＷ社製航空エンジンを搭載、また超高速からの停止のため、はじめて電磁式軌道ブレーキが採用された。

後部に四枚羽の巨大な木製プロペラをもち、流線型の車体に、出っ張った鼻が特徴的な(「〇系ひかり」をややずんぐりとさせたような)前面部をもつ「レール・ツェッペリン」は、一九三〇年秋にはハノーファーで実験走行がはじまる。クルッケンベルクは実験車輌にみずから乗りこんだ。「レール・ツェッペリン」は、実験路線ですぐに時速一八〇キロを叩きだすことに成功した。

すでに機関車製造の玄人《くろうと》ともいうべきベルリンのライヒスバーン中央局(ＲＺＡ)の技術

者たちも、計画に参加していた。そのライヒスバーン側が超高速走行の安全性を疑問視したため、国内の通常路線で走るのが許されるまでには時間がかかったが、一九三一年六月、ようやくハンブルク―ベルリン二五七キロ間での走行実験がおこなわれた。

一九三一年六月二一日日曜日の夜明け、ハンブルク・ベルゲドルフ駅を出発した「レール・ツェッペリン」はわずか九八分でベルリン・シュパンダウ駅に到着した。平均時速は一五〇キロを超え、途中一〇キロ近い区間で時速二三〇キロという驚異的な速度を維持する。第二次大戦後まで破られない新記録樹立の大成功であった。

ベルリン郊外の駅に停車中のレール・ツェッペリン

流線型の未来的な車輌が停まるベルリン・シュパンダウ駅のホームには、一九世紀末のユーゲントシュティール（アール・ヌーヴォー）調に飾られた駅名表示板があった。鉄道の全く異なる二つの時代が、ここに同時にあった。

高速化への挑戦――「飛ぶ」鉄道

結局のところ、軽量化のために内装もぎりぎりまで簡素化した「レール・ツェッペリン」は、この試作機だけでおわった。

当時のライヒスバーン路線において最高速度は時速一六〇キロが経済的に限界と考えられていたが、「レール・ツェッペリン」は、時速二〇〇キロ営業運行が可能になってはじめて経済的に投入可能とされたためである。後部にプロペラがあるために連結できない一車輛でごく少人数を運び、かつ試験走行時のように路線からすべての別の列車を待避させる必要があるということになれば、不経済は避けられない。

クルッケンベルクら飛行軌道社は、この試作機の改造をつづけた。油圧トランスミッションを備えた二輛連結の高速ディーゼル動車車輛もライヒスバーンに提案したが、資金不足でこれはすぐに実現しなかった。

「総裁閣下、いっそのことライヒスバーン社内に、高速化専門の研究開発部門をつくってはいかがでしょう?」

「なるほど、それはいいな!……いや、そうしたいのはやまやまだが、なにぶんにも金が無くてなあ。ホムベルガー君もうるさいし」

というようなやりとりが、クルッケンベルクとドルプミュラー総裁のあいだであったようである。

しかしその後、ライヒスバーンは一九三二年二月にゲルリッツのメーカーＷＵＭＡＧに新型の二輛連結ディーゼル動車を発注した。プロペラを備えた列車の構想は「レール・ツェッペリン」の他にもたくさんあったが、このたびの試験走行により、地上で飛行機並みのプロペラを回す結果の風害は馬鹿にならないことなどもわかった。

経済性からも、ドイツでの発明以来三〇年を経て列車での実用化に見通しがついていたディーゼル内燃機関の出番であった。ＷＵＭＡＧに発注されたディーゼル動車（ＳＶＴ八七七）は、扁平《へんぺい》な天井部をもつ丸みを帯びた車体が目をひいたが、これも飛行船建設で用いられた風洞実験の成果である。空気抵抗をおさえるためにでっぱりをなくし、緩衝器や連結器もつけなかった。

各二基のディーゼル発電機と電気式走行モーターからなるディーゼル電気式装置を三つのボギー（運搬台車）に分けて搭載した。またここでも高速からの停止に備え、エア・ブレーキにくわえて電磁式軌道ブレーキが採用されている。一九三二年夏から試験走行を開始し、年末には将来投入される予定の路線であるベルリン―ハンブルク間でプレス・リリースを兼ねた試験走行を実施した。

これにはドルプミュラー国鉄総裁みずから乗り込んでいる。ドルプミュラーは、これはという新列車の試運転の行事には必ず参加していたという。このとき時速一六五キロを記録し、「飛ぶハンブルク人」の名は世界の注目を集める。

一九三三年五月一五日、営業運転開始。二八七キロを一三八分で結び、最高速度は時速一六〇キロであった。当時の他の高速列車の営業運転が六〇〜八〇キロでしかない時代、平均時速一二五キロ弱の「飛ぶハンブルク人」は（やや小ぶりな車体とはいえ）間違いなく世界最速の定期運行列車であった。

すでにヒトラーは政権の座についてい

ビジネス急行として活躍した「飛ぶハンブルク人」

た。いわゆる「権力掌握」は三ヶ月ほど前、この年の一月末であった。

ヒトラーの政権奪取

ヒトラーの「権力掌握」の一九三三年一月より前には、当時西部運営総局主任ヴィルヘルム・クラインマンのような純然たるナチは、ライヒスバーンの上級職員にはほとんどいなかったようである。中級・下級職員や労働者にも、その数は多いわけではなかった。

一九二〇年代を通じ、ライヒスバーンには職員、労働者といった職階ごとに大別されたそれぞれ強力な労働組合が存在した。政権に近い社会民主党（ＳＰＤ）とつながった包括的な鉄道従業員組合にくわえ、ドイツ機関士組合のような専門職種ごとの団体、官吏扱いの職員組合、キリスト教系、リベラル系の組合もあった。

ライヒスバーン組織への侵入は、ナチ党のもつ疑似労働組合的な労働者組織によって進められる。相対的安定期から大不況期にかけて合理化・人員整理に反対し、労働環境改善を主張してきた労働組合は、これと鋭く対立した。

ナチ党はその内部に国民社会主義経営細胞組織、略称ＮＳＢＯとその構成員をもち、労働組合に対抗した。ライヒスバーンにおいてもＮＳＢＯは存在し、社会民主党やあるいは共産党を支持する鉄道員の労働組合に対して、突撃隊（ＳＡ）と一体化してしばしば暴力的な攻撃をくわえていた。

ナチ党が一気に三七・四%を獲得して国会第一党となったのは、一九三二年七月選挙である。直前の六月末にも、鉄道員労働組合を中心とする反ナチの集会・行進がSAによって襲われ、鉄道員の若者が殺されている。この凶行も一例にすぎない。

当時の選挙活動は荒っぽいもので、ナチ党に限らず、KPDはもちろんSPDや穏健保守政党すら、路上や集会での衝突時に備えた実力行使の組織をもっていたほどだが、それにしてもナチ党の暴力性は際立っていた。

一九三二年、ライヒスバーン当局は職場での政治活動の禁止とともに、制服着用での政治的行事への参加禁止も決定した。これにより、ほんの短期間だが、ナチのライヒスバーン職場への侵入や暴力沙汰はある程度おさえられた。

だが、ナチの露骨な攻撃性や暴力行使は、民主的な国会選挙という場においては、多数の選挙民が彼らを忌避する理由にはならなかったのである。むしろ逆だったかもしれない。

一九三二年にはヒトラーが政権に最も近づいたときが二度あるといえる。一度は春の大統領選挙において現職のヒンデンブルク大統領の対立候補として惜敗したときであり、もう一度はこの三二年七月選挙に勝利し、国会第一党としてそのヒンデンブルク大統領に首相指名・任命を要求したときである。

しかし直接選挙で国民が選んだ大戦時の東部戦線の英雄は、成り上がりの元オーストリア人である「ボヘミアの伍長」のライヒ宰相指名を拒否した。すでに議会多数派でもない首相を大統領が自由に任命できる「大統領内閣」の時期にあった。そして当のヒンデンブルク将軍は元来が帝政復活論者であり、たしかにヴァイマル憲法に意外に忠実ではあったが、民主主義的な理念をもった政治家とはとてもいえなかった。

にもかかわらず、国民投票で選ばれる強力な国家元首というヴァイマル憲法の仕組みが、老将軍のような人物をしてヒトラー政権成立を阻止させた。ナチス・ドイツは民主主義のなかから生まれた——とよく言われはするが、このときは直接民主主義の仕組みが、反民主主義的な「ナチス・ドイツ」の誕生を辛《から》くも食い止めていたともいえる。

ヴァイマル憲法の起草者が共和国に強力な大統領制を導入した一つの理由は、民主主義に慣れていなかったドイツ人同胞を危ぶみ、議会選挙による行き過ぎた判断にブレーキを掛けられる人物が必要な場合を想定したからだともいわれる。その通りになったわけである。

しかし、私たちが知る通り、最後までそうはいかなかった。むしろ逆の事態となる。長い昼寝を習慣とするようになった老大統領は、年が改まるころには、息子やフランツ・フォン・パーペン（一八七九〜一九六九）前首相のような側近たちの言をもう拒絶できなくなっていた。

一九三三年一月、直前の選挙では党勢があきらかに鈍り、ナチ左派の離反で党内指導力に陰りさえ差していたヒトラーが、首相に任命される。

大統領側近のフォン・パーペンらは、ブームこそ一段落したものの大衆的人気のあるヒトラーを、傀儡《かいらい》として利用するつもりであった。ヒトラーと彼につき従う有象無象《うぞうむぞう》のナチ――たとえば、クラインマンのような人物――の権力への執着を、甘くみていたとしかいいようがない。

ちなみに政権奪取前のヒトラーは多額の税金を滞納していたが、首相になったことで自分の納税義務を全額免除してしまったそうである。

ナチの国鉄組織への侵入

鉄道業におけるナチ党員のリーダーは、そのシンパであり、すでに入党もすませたクラインマンであった。ＳＡの制服に身を固め、ドイツ・ライヒスバーン社内の掌握に乗り出した。ナチの党是として反ヴェルサイユ体制がある以上、「ドーズ・バーン」自体が許せるものではなかった。

ヒトラー自身、かつて『わが闘争』でこの問題に触れている。というより、「敵の手に売り渡された我らの鉄道」という視点以外の関心は、ライヒスバーンに対しては特にはなかったようでもある。

まずクラインマンたちは、ドルプミュラー総裁が率いる経営組織である理事会を標的とした。重役・幹部級職員のポストから、ユダヤ系や政治的リベラル派を逐《お》おうというのである。

ナチによる「強制的同質化（強制的同一化）」がライヒスバーンでもはじまった。そして、その標的には、「賠償のエージェント」にして「ライヒスバーンのヒンデンブルク」ことドルプミュラー総裁その人も入っていた。クラインマンの元の直属の上司である。

一九三三年三月、社内にはナチ系職員組織「ＮＳライヒスバーン専門家協会」がつくられ、上層部の刷新を叫んでいた。春には「大工業の利益を代表する」首脳部を刷新し、その給与を削減することを要求する声明が出された。首相官邸にも近いベルリン官庁街のライヒスバーン本社には、ＳＡの一団が押しかけた。「ライヒスバーン専門家協会」はユダヤ系幹部を名指しで追放するよう要求した。

一九三三年五月、「ライヒスバーン問題の解決のため」ナチ党内に連絡組織である「ライヒスバーン・総統スタッフ」がつくられ、クラインマンがトップに座る。

一連の示威的行動は、党上層部の後ろ盾をもった「総統スタッフ」のクラインマンが間に立った五月以降もやむことなく、六月二一日には、ドルプミュラー総裁退陣要求のデモが、ニュルンベルクの鉄道博物館を取り囲んだ。鉄道員たちは、ドルプミュラー総裁の高給を批判するプラカードを掲げた。自分たちのわずかな賃金との格差がはなはだしい。「国民（民族）社会」を一番とし、「労働者」の党を標榜したナチ党の初期の運動の一面がここに反映している。お偉方による老人支配や、経済界の影の差す金持ちによる統治を打破しようというのであった。

ナチ運動には、その構成員たちがむかしそこから生まれ出た多種多様な卵の殻《から》が、あちこちにくっついていた。ここでは、世紀転換期以来のドイツ青年運動や、「塹壕世代」からの世代間闘争、さらに社会主義的な平等志向というものがみられる。そしてそれらが混ざり合って、結局は何者かへの鋭い敵意と旺盛《おうせい》な権力欲につながっているのが、ナチらしいとはいえる。

強制的同質化

ドルプミュラーはヒトラーの意向もあって一九三三年夏ごろには直接の攻撃対象から外され、翌年秋にかけて進められた新政府との妥協成立で、自分のポストを守ることができた。しかし、その「妥協」とは、有能な部下たちが排斥されるのをほぼ黙認することであった。

一方、「政権掌握」以降のクラインマンに最初におりた辞令は、前任者の引退にともなうケルン鉄道管理局長官への昇進である。五月発令、六月着任という時点でのこの人事の意図ははかりにくい。直後（七月）に待っていた副総裁昇任人事への準備として、人事慣例上、管理局長官を経験させておく必要があったとまず考えるべきであろう。だとすると、すでにナチのライヒスバーン中央への侵入はこの時期に決定的であったことになる。

だが、社内誌『ライヒスバーン』における当該の人事記事においては、紹介写真のクラインマンは襟《えり》を立てたシャツにネクタイ姿で、すでに誇示していたはずのＳＡの制服姿ではない。経歴の紹介にも、まだ「ＮＳＤＡＰ」の文字は出てこない。

ともあれ、一九三三年七月、ＳＰＤとの関係も深いとみなされたリベラルなヴァイラウフ副総裁は辞任を余儀なくされ、クラインマンがその後釜に座った。これにより、ライヒスバーンにおける「強制的同質化」という名のナチ化に拍車がかかることになる。

すでに労働組合は、一九世紀以来の伝統ある「機関士組合」や職員を中心とする「フェライン（協会）」組織のようなものも含めて、根絶される道をたどっていた。かつて共産党員が指導部に入っていた自由鉄道員同盟などは、もちろんである。ナチ系労働組織「ドイ

1934年のライヒスバーン首脳部(中央がドルプミュラー、右から2人目のSAの制服がクラインマン、右奥が財務担当ホムベルガー)

ツ労働戦線」がこれを飲み込んでいく。

ついに人事権を握ったクラインマンは、もう仲間のデモや抗議文を読み上げるための集団での本社襲来などという手段に頼らなくても、左派やユダヤ系の職員を好きに追放できることになった。

クラインマンが人事を支配する「強制的同質化」の国法的根拠は、一九三三年四月に制定された「職業官吏再建法」であった。

これにもとづいてライヒスバーンでも、人事の新規定を設けた。すなわち、第三条第一項には「アーリア的出自を持たざる者は退職すること」とある。

しかしながらライヒ法の規定に即して例外を設け、「第一次大戦開戦の一四年八月一日以前の任官者や、大戦で帝国並びに同盟国のために前線で戦ったものや戦没者の親子は除く」としていた。

さらに「さらなる例外を総裁が認め得る」という文言が添えられていた。「強制的同質化」に抗して総裁の意志を容れる余地はまだ残してあったのである。

巻き起こった入党ブーム

この例外規定をドルプミュラーは利用し、クラインマン就任後の理事会新体制においても、有能な財務担当重役（法務も兼任）ホムベルガーを留任させることができた。しかしクラインマン副総裁による社内統轄がすすむと、そうした例外的措置や一種の骨抜きの余地は狭まっていく。

ドルプミュラー総裁は、理事会や幹部職から逐われたヴァイラウフなどの有能な部下に、ライヒスバーン社内外の何かしらのポストをあてがった。みな、相対的安定期といわれる一九二〇年代後半と、それに続く大不況の苦しい時期にライヒスバーン経営を支えた秀《すぐ》れた才幹の持ち主であった。しかし彼らの元のポストへの復帰は、とうとう最後まで果たされなかった。

　クラインマンの手は、かつて賠償支払いの担い手としてのライヒスバーン社における最高意思決定機関であった監理会にも伸びた。一九三四年末には、同僚のあいつぐ排除に嫌気のさしたジーメンス監理会長がライヒスバーンを離れた。監理会はかつての力を完全にうしなう。

　また一九三五年九月に、有名な「ニュルンベルク法」と総称される二つの法律が制定され、それまで法的規定があいまいだった「ユダヤ人」に疑似血統主義的な一応の法的定義があたえられる。このことで、ユダヤ系職員の留任は一層困難になった。

　一九三五年大晦日《おおみそか》までに「ユダヤ人」官吏が退職すべきことが法律に明記される。かろうじて理事会にとどめられていたホムベルガー財務担当理事にも、退職と亡命以外の選択肢はもはやなかった。

　人事面での追放に呼応して、ナチ系人員による大量の補充がおこなわれた。人員の殺到に対しては党地方組織との連携がとられ、ライヒスバーンへの党の影響力はその点でも高まった。

　かつてナチズムに縁がなかった職員も、競うように入党した。ドイツの国中で入党ブームが起き、ナチ当局がかえってブレーキをかけるほどになった。

分邦主義からの決別

ライヒスバーン社は、社内に残っていた伝統的な分邦主義の組織からの一掃も図った。ライヒ交通省・バイエルン支局の後継的組織であったバイエルン・グループ管理局が一九三三年末に廃止された。この半独立的な管理局は、ライヒスバーン本社に直属する形で南ドイツ・バイエルン州内の六つの鉄道管理局を統括し、ミュンヘンに中央局（技術局）など本社並みの内局も持っていた。

かろうじて残されていたバイエルン州の鉄道管理の一定の独立性は消されていき、ライヒスバーン社は名実ともに中央集権的な組織となった。

だが、このバイエルンに対する措置がドルプミュラー総裁はじめライヒスバーン社の首脳陣にとっても不本意なものだったかというと、あきらかにそうではなかった。理事会の中で本当に失意を味わったのは、バイエルン・グループ管理局を代表して理事会に入っていたメンバー一人だけだったかもしれない。

少なくともドルプミュラーは、一九三三年の五月一七日というナチとの緊張関係がまだ終わっていない時期の演説で、バイエルン・グループ管理局の廃止の可能性に言及し、寝耳に水のバイエルン側を慌てさせている。

「ライヒスバーンと経済ならびに国家との紐帯《ちゅうたい》」と題されたこのナチ時代最初期の講演

は、迎合的な言辞をちりばめつつ、一方でナチ政府に対してライヒスバーンの独立性を高々と要求する箇所も含む。ライヒスバーン社が、政府への警戒的な距離を崩していないことがわかるものである。

　にもかかわらず一方では、最近も残る分邦主義の制度的残滓《ざんし》による無駄遣いに、批判的な問いかけをおこなってみせた。どうもライヒスバーンとその代表、象徴的存在でもあるドルプミュラーは、「強制的同質化」に、本来自分のやりたかったことをやるチャンスも抜け目なく見出していたのではないか。

　ライヒスバーンの法的地位についても、あきらかにそうであった。一九世紀プロイセン国鉄出身のドルプミュラーは、共和制時代の「特殊会社ライヒスバーン」というあり方を心から支持していたわけではない。

　官営鉄道こそが鉄道業のあるべき姿だ。収益を追及する営利企業形態は公益事業である鉄道にそぐわない。これは、多くのドイツ鉄道人のほぼ共通の理解であった。

「DRG」こと「ドイツ・ライヒスバーン・ゲゼルシャフト（会社）」は、ドイツ政府が株式を一〇〇%保有する国有企業であったが、賠償金支払いの柱として収益を確実にあげる必要があった。敗戦後の異常な状況であればこそ、そんなライヒスバーンの組織設計にも運営にも尽力せざるを得なかったのだ、とドルプミュラーは言いたかったであろう。

現にそれに近いことを以前から口にしてもいた。公益事業である鉄道の収益は本来、運賃改定などで国家・社会に還元されるべきだ、というのがドルプミュラーの持論なのである。

モータリゼーション政策への転換

いまや、「鉄道を再びライヒへ」が合言葉になる。

一九三六年にはヒトラーは、ヴェルサイユ条約の一方的破棄を宣言していた。すでに大不況期には事実上賠償金支払い義務から解放されていたライヒスバーンが、特殊会社であり続ける必要はまったくない。

ヒトラーは、一九三七年一月の国会演説で「ライヒスバーンを余すところなく国家大権の下に置く」とした。二月、新法が成立、ライヒスバーンは完全に公的機関となる。ドルプミュラーや、少なからぬ鉄道官吏たちに不満はなかったであろう。

ドルプミュラーは上記の一九三三年五月一七日の演説を、他の交通機関や国家組織との関係で、ライヒスバーンに十分な「『生存圏（Lebensraum）』」と保護を与えよ、と締めくくった（ナチの常套句である「生存圏」を引用符付きで、しかしナチとは違い普通の「生存できる余地」くらいの意味で用いた、ドルプミュラーのここでの真意は不明）。ライヒスバーンは、たしかにある程度の自立と「生存圏」を三〇年代のナチス・ドイツにおいて得ていたのである。

ナチ党・政府のモータリゼーション政策への転換にも、ライヒスバーンはきわめて前向きな対抗策をとった。本格的な一国レベルの自動車専用道路建設にみずからの手で乗りだしたのである。

政権掌握後、ヒトラーは党としての自動車政策を一変させた。それまではナチ党（特に党内左派）にとって自動車や自動車専用道路は「奢侈《しゃし》的消費」であり、一部ではじまっていた自動車専用道路の先駆的な試みに対しては「冗費節約」の観点から批判をむけていた。

後世に「ナチ緑翼」とひと括りに呼ばれることもある保守的な環境主義者の一団は、騒音や大気汚染といった自動車公害に反対の姿勢を崩さなかった。民族伝統擁護と政治的保守主義に裏打ちされた環境主義運動というものは、ドイツでは長い伝統をもっていた（考えてみれば、政治的保守思想と環境保全は本来、突飛な組み合わせではない。現代ドイツのリベラル政党である「緑の党」も、「六八年世代」の左派活動家出身者を受け入れる前の最初期には、政治的には保守的な志向をもつメンバーが中心だった）。

ところが政権掌握早々、自動車は党の攻撃対象から外され、一転してモータリゼーション推進が謳《うた》われるようになる。ヒトラーの個人的な嗜好、新しさと若々しさを前面に押し出すナチのイメージ戦略、それに戦間期の合理化運動に失敗し過剰生産力を抱え込んでいたドイツ自動車企業からの要望とが、マッチした結果である。

一九三三年五月中には、七〇〇〇キロの全国自動車網の建設が決定され、六月には「ライヒスアウトバーン（帝国アウトバーン）」に関する法律の制定をみた。それまでの民間や地方自治体の試みはここで換骨奪胎《かんこつだったい》の上、結果的には横取りされることになる。当時のケルン市長コンラート・アデナウアー（一八七六〜一九六七）も功を奪われた一人であった。

アウトバーンとライヒスバーン

ライヒスバーンは、このモータリゼーション推進政策への転換にただちに呼応した。八月一〇日には、監理会長ジーメンスと総裁ドルプミュラーの連名で「『ライヒスアウトバーン』会社規約」を提出し、同二二日、ライヒ宰相ヒトラーとライヒ交通大臣フォン・エルツ男爵（パウル・フォン・エルツ＝リューベナハ（一八七五〜一九四三））がこれを承認している。

規約によれば、五〇〇〇万ライヒスマルクを出資する「ライヒスアウトバーン社」は、ほぼ完全にライヒスバーンの支配下に置かれる。そのためライヒスバーン総裁は同社の監理会メンバーの半数の任免権をもった。

政府ならびにこのたび新設の役職である「ドイツ道路総監」は、この監理会やその下部委員会に代表をおくったり出席したりできるものである。予算、会計の検査はライヒスバーンの中央検査局がこれを担当した。いうまでもなく自動車道路建設のために特別の事業所をもつが、当初、そこで働くのは基本的にライヒスバーン職員であり、道路建設の専門家とその他専門職員がこれを補うとされた。

規約には、「ライヒスアウトバーン社」の独自の組織はできる限り規模を抑えることが明記されていた。子会社に資金と多くの人材（最終的には一〇〇〇人ほどの職員が常時出向）を提供したライヒスバーンは、自動車専用道路の建設に熱心に取り組んだといえる。

社内誌『ライヒスバーン』も、一九三四年度からは副題をこれまでの『ドイツ・ライヒスバーン社報』から『ドイツ・ライヒスバーン社ならびに「ライヒスアウトバーン社」報』に改題している。やる気十分である。

アウトバーン工事鍬《くわ》入れ式では、ドルプミュラー総裁がヒトラーに鍬を渡す役をつとめ、その後もみずから率先して各地の工事現場の視察をおこなった。一九三五年五月、フランクフルトーダルムシュタット間に最初の「ライヒスアウトバーン」が開通すると、走り初め式ではライヒスバーンの乗合バスが行進した。

しかし、ドイツ国鉄がアウトバーンをつくった、と後世の私たちは記憶しているかといえば、もちろんそうではない。

アウトバーン建設とより深く結びついて残っている名前は、やはりフリッツ・トット（一八九一～一九四二）である。トットは一九三三年、抜擢を受けて、新設の官職「ドイツ道路総監」に任命されていた。

ライヒスバーンの心づもりからすると、たとえ規約にアウトバーンは「ドイツ道路総監との協力によって」つくられる云々とあっても、実際にはナチ党員トット技師は、政府からのお目付け役のようにわが子会社ライヒスアウトバーン社にかかわるくらいの存在。そのはずだった。

だが、そもそもアウトバーンというもの自体、トット工学博士の頭脳から出てきたものだといえたのである。

アウトバーンの生みの親・トット

比較的初期からのナチ党員だったトットだが、党活動にさほど熱心なわけではなかった。相対的安定期を通じ、ミュンヘンの建設会社に勤務する一技師であり、物静かな家庭人として、質素な生活をおくっていた。

フリッツ・トット

大戦後の共和国の体制に対する不満があるからこそ入党していたのだが、この技師が反感を抱いていたのは、古臭い政治屋や官僚の支配が続き、技術的未来の可能性を圧殺する不合理な社会であった。同時に、特異なナチュラリストとして、技術文明が誤った方向性をとり、自然環境、景観とそこにある文化を破壊していくことへの危惧《きぐ》も強く感じていた。

技術的発展を通じての「近代の超克《ちょうこく》」とでもいった思想が、さほど反ユダヤ的でもファナティックな侵略主義者でもない（?）このナチ党員の広い額《ひたい》の中に渦巻き、新しい交通システムの構想に結実していった。

トットはイタリアではじまっていた自動車専用道路（アウトストラーダ）のシステム構築にいちはやく注目していたが、大不況期に入るとにわかに党内で頭角をあらわした。道路建設で博士号を取得すると、「ただ一人の指導者」によって構築される全国自動車専用道路網の構想を発表する。これがヒトラーの目にとまった。

道路を景観に適合させ、機能美を帯びた一個の新しい芸術作品としてドイツに現出させる。ライヒスアウトバーンはトットのこうした思想の表現であった。技術的成果であると同時に「政治的統一の表現」であり、「民族の理念の物質的・政治的表現」でもある（田野訳）という。

　こうした思想的裏付けに、同じナチス・ドイツの国家機関とはいえ、ライヒスバーンのような実際的な専門家集団が簡単に同調できたかどうかは、ややあやしい。ドイツのモータリゼーションがまだまだである以上、ライヒスアウトバーンにはとりあえず実用的な意味は乏しく、そこにトットのような思い入れを抱くことは難しかった。

　もしそれができたとしても、あくまで鉄道中心の発想で動いているドルプミュラー総裁以下ライヒスバーンには、おのずから限界があっただろう。同じく鉄道官吏あがりのエルツ＝リューベナハ交通大臣とドルプミュラー国鉄総裁は、実用性や採算性に乏しい自動車専用道路網ではなく、通常の州道の整備を道路行政の中心にするようにと主張するようになる。

　だが、ドイツ道路総監トットは、自動車輸送に理解を欠く交通省やライヒスバーンを、政治力で圧倒した。トットの先見性と構想力を高く評価するヒトラーは、ドイツ道路総監を越えた権限を彼にあたえていく。

アウトバーン建設事業の行方

ライヒスバーンの手の中にあったはずのアウトバーン建設事業は、ナチス・ドイツの意図的に多元的で複雑にされた統治機構の中で、競争相手に勝ち抜いたトットのものとなった。

アウトバーン建設を経済政策として位置づければ、共和制末期・大統領内閣時代以来はじめられていた公共事業政策の一環である。大不況下のライヒスバーン社は、自分たちの負担ばかりが増すといえるそうした事業への参加を強制されていた。ナチ期におけるアウトバーン建設への関与も、どうやらそういうものになってしまった。

もちろん、結果として現在のアウトバーンへの最初の一歩が刻まれた以上、その工事は決して、実際的価値に乏しい公共事業を意味するドイツ語「ピラミッド建設(Pyramidenbau)」にとどまるわけではなかった。

だが、それだけにライヒスバーンは、翻《ひるがえ》っていえば、将来の最大のライヴァルを自分の金と人を費してバックアップしただけということになる。未完におわったナチス・ドイツのモータリゼーション政策のなかで、アウトバーンはたしかな達成として、戦後の自動車大国ドイツの基盤となった。

ナチ政策に乗ることで自らの利益をそこで図ろうとするとき、ライヒスバーンは結局、

ベルリン郊外のアウトバーン建設現場（1936年4月）

痛い目にあう。ナチ政府が狡猾《こうかつ》であり、利用できるだけ利用した相手を平気で裏切ったという側面は否定できないだろうが、彼らが一枚上手というよりは、なにか本質的なボタンの掛け違いが最初からあった。ほとんどの場合で、そのズレが最後にはライヒスバーンにとって致命的な失敗や無駄として跳ね返ってくる印象を受けずにはいられない。

ちなみに、アウトバーン建設をめぐる神話のうち、とくにこれがナチ期公共事業による失業解消の軸だとする見方は、現在ではほぼ否定されている。たしかに（当初の期待を大きく下回る一二万という規模だが）雇用創出はあった。機械化をできるだけ避けて人力に頼ることを方針にかさ上げしたともいわれる。

そんなものがまともな建設事業だとそもそも言えるのかは、考えないでいいことにしよう。だがそれにしても、アウトバーン建設現場における賃金として与えられたのは、一家の働き主が生計を維持するのに十分な額ではなかった。また労働環境も劣悪というべき水準にあった。

アウトバーン工事は、失業者の名目的な吸収という緊急避難的措置にすぎず、雇用創出政策のデモンストレーションの色が最も濃い。そして、この一大国家事業にようやく雇用吸収の効果といえるものが出てきたのは、早くとも一九三五年からその翌年である。このころには、完全雇用に近い状態はすでに達成されていた。

ドイツ経済には再軍備にともなう公共事業支出の過多による財政・金融の不安という別の問題が生じていたが、それに目をつぶって、さらに軍備拡大が強行されようとしていた。

第三章　〇五形機関車とSバーン

（一九三四〜三九年）

「皆さんいうでしょう。嬢ちゃん、あっちに行って、グラスを拭いていろよ！　そして一銭玉のチップをよこすでしょう。一銭玉は受けとられ、寝床の用意もできるでしょう。そこでその夜に寝られるのは、一人だっていやしないのだけれど。あなた方はまだ知らない、わたしが誰かってことを」

大不況からの「回復」

ナチス・ドイツの一二年四ヶ月の歴史を振りかえったとき、一九三六年は重大な節目の年とされてきた。

世界大不況からのドイツ経済の回復は、多くの代償——ナチ政権成立自体が、その代償の最たるものであるが——を払いながらではあるが、実現していた。

一九三二年夏が不況の底であり、その後、景気はすでに上昇局面に入っていた。ヒトラーによる政権奪取よりも前であることは銘記したい。もしナチ経済政策がなくても、三三年以降ほぼ同じ景気動向になっただろうという推算結果もある。

六〇〇万人を超え八〇〇万人に達したとも、それ以上ともいわれる巨大な規模の失業は解消にむかい、一九三五年夏には一〇〇万人台の大不況前の水準にまでになった。たしかに工業生産高は大不況前の水準にもどり、上回る勢いをみせた。重工業を中心に企業収益は顕著に上昇した。

もっとも消費財産業は一九三二年秋以降の回復に歯止めがかけられてしまった。また、英ポンドや米ドルが切り下げられたのに対して、ナチ政権はインフレを恐れてライヒスマルク切り下げをおこなわなかったため、翌三三年以降、物価水準でみたときの輸出競争力は下がった。一部輸出産業の回復は、その分だけ遅れたことになる。

したがって全般的には賃金の戻りは遅く、国民の平均的な生活水準が大不況前まで回復することはついになかった。

そもそも「雇用創出」は労働組合の解体や既婚女性や少年、それに「ユダヤ人」の労働市場からの強制的退出で実現したものだし、若年雇用が顕著に増えたわけでもない。

ナチがイデオロギー上の理由でも力を入れた農村政策はうまくいかず、農民の生計も改善にはほど遠かった。相続の義務化と土地の売買禁止は、農民を比較的狭い土地に縛りつけるものになった。農業経営の合理性はかえって損なわれた。

また、購買力でみたときのライヒスマルクの通貨価値の減少を見誤ると、経済成長率を過大に計算してしまうことになるだろう。

だが一九三〇年代初頭の社会全体の窮迫があまりに凄まじかったため、経済状況の改善は、同時代人に実態以上に強く印象づけられた。

急速に進む軍備増強

ここにいたってヒトラーは、本格的な戦争準備に乗り出した。もともと一貫性に乏しいナチの政策思想のなかで、例外的に貫徹されたのは、三つくらいである。反ヴェルサイユ体制、人種的民族主義、そして自給自足を可能にする経済空間を東欧・ロシアに建設するという「生存圏」構想である。

ヒトラーにとって、東方での戦争は必ずやらなければならないものであった。すでに第一次大戦の賠償金を含む外債支払いに事実上の不履行を宣言し、国際連盟からも脱退していたが、一九三五年三月にはヴェルサイユ条約の非武装化条項を破棄して本格的な再軍備に踏み切った。

そして一九三六年三月七日、非武装地帯にされていた西部ラインラントに、三個歩兵大隊などと飛行部隊が進駐する。一九二五年に英仏など六ヶ国と結んだロカルノ条約の破棄であり、欧州の安全保障体制の根幹への公然たる挑戦である。

ラインラント進駐はヒトラーにとっても賭けであった。英仏の強い警告を無視するものであり、規模と装備で上回るフランス軍との衝突も覚悟に入れなければならなかったからだ。国防軍首脳陣は強く反対し、自軍部隊が撤退する事態を予期していた。万が一の場合には、ヒトラー政権そのものが国内から揺らぎかねなかった。

ラインラント進駐が抵抗もなく成功し、しかも結局、外交的に容認されたことは、賭けに勝利したヒトラーに大きな自信をもたらすことになった。

八月、ベルリン・オリンピック開幕。ラインラント進駐に対して、国際社会やＩＯＣがオリンピック開催中止を勧告するようなことはなかった。七月にフランコ将軍の蜂起で内戦がはじまる共和政スペイン以外には目立ったボイコットもなく、成功裏に終わる。

この翌月には「第二次四ヶ年計画」が開始された。自給自足経済を目指し、その一方で軍備の急速な増強を図るものであった。すでに政権獲得以来、国家予算に占める軍事支出はこの一九三六年までに八倍弱にも急増していたが、さらに拡大がすすめられ、軍事支出が最優先されることになった。

一九三六年の政府予算における軍事支出はＧＤＰの一一％相当にまで跳ね上がった。飛行機製造は劇的に増加し、その勢いは自動車製造の伸びを上回る。

こうした政府支出は、いわば裏会計で処理されていた。悪名高い「メフォ手形」の振り出しで、予算外の巨額の支出をおこなったのである。

メフォ手形とは、財源の不足を実態のない会社「冶金研究協会(Metallurgische Forschungsgesellschaft／略称メフォ〔Mefo〕)」が引き受ける手形を支払い手段とすることで補い、軍事支出の規模や実態も秘《ひ》匿《とく》するものであった。一九三七年までに二〇〇億ライヒスマルクのメフォ手形が発行されたとされる。

「第二次四ヶ年計画」

ナチ政権下で中央銀行ライヒスバンク総裁・経済相をつとめていたヤルマール(ヒャルマール)・シャハト(一八七七〜一九七〇)は、莫大な軍事支出増大の続行に反対している。シャハトは金融・財政のエキスパート。ヒトラー政権入りした自分を、「猛獣を飼いならすために檻《おり》の中に入った猛獣使い」にたとえた。共和制末期にはナチと中欧経済界の橋渡し役をつとめたこともあるから、シャハトにとってもヒトラーは、「猛獣」ではあっても、むかし世話してやった相手であった。

一九三六年には、ドイツ経済は深刻な外国為替危機に陥っている。急激な軍拡にともなう資源輸入の超過で、外貨が尽きかけていたのである。輸出工業の回復に使うべき分の外国為替まで、このうえ軍事支出に食われてしまうわけにはいかない、というのがシャハトの考えであった。

くわえてシャハトはナチ党予算の削減や、農村保護の緩和も求めていた。これ以上の急速な政府支出拡大は、すでに限界に達していた財政を破綻させ、またもやインフレすら呼び込みかねない。メフォ手形の償還もきちんとしなければならないのだとも、本来は正統的な均衡財政主義者であるシャハトは考えていた。

シャハトは、「四ヶ年計画」全権に任命されたヘルマン・ゲーリング（一八九三～一九四六）と対立した。その結果、一九三七年一一月には経済相を辞任している。自信満々の「猛獣使い」はナチという猛獣によって、結局は檻を追い出された（一九三九年一月、ライヒスバンク総裁解任）。そしてシャハトが餌をやってしまった猛獣は、「檻」の中におとなしくしていなかったというべきだろう。

「四ヶ年計画」の目的は、四年後には自給自足で戦争を遂行できる能力をつけることである。その柱の一つは、人造石油・人造ゴムといった天然資源の代替品の開発であった。また、弾薬等の原料ともなる、基礎的な化学製品の生産増大も欠かせない。巨大化学企業I・G・ファルベンのナチス・ドイツにおける存在感がいや増した。

ナチや国防軍は、まだその言葉もなかった「電撃戦」による短期決戦だけを考えていたわけではない。一九三〇年代後半には、軍需関連品の輸入を伸ばすだけではなく、重工業をはじめ軍需にかかわるあらゆる生産部門に多大な投資が続けられた。あきらかに長期戦を視野に入れた、いわば「持続可能な」再軍備計画がすすめられていたのである。

つけくわえると、この時期以降、ドイツの工業統計には意図的な改竄《かいざん》や隠蔽が入るようになる。ライヒ統計庁は一九三六年に包括的な工業センサスを集計したが、三九年に公表されたデータは、軍需産業についてはかなり実態と異なるものだった。たとえば「車輌産業」の雇用者数は実態の八割以下、付加価値生産額は実態の六割以下の数値にされていたらしい。

またライヒ統計庁は一九四〇年に至るまでドイツ全体の投資額やその内訳を調べ続けていたが、その結果の公表は三四年を最後にやめてしまっていた。ナチス・ドイツ当局にとって、航空機、自動車などの兵器関連産業についてはもちろん、化学製品、電機といった戦略物資の生産状況なども、正直に公開する義理はないのであった。

もしも統計数値が公表されるとしたら、たいていの場合は、雇用者数を隠蔽したり、下請け企業をカウントしなかったり、数値自体を操作したりといった手段により、生産現場から中央に上がってきたデータを、実態からかけ離れた数値に修正したうえであった。

ドイツ鉄道一〇〇周年

ドイツ国鉄・ライヒスバーンにとって、この決定的な転機の一九三六年はどんな年になっただろうか。

　ライヒスバーンはドーズ案にもとづく賠償支払いの担い手という義務から完全に解放されていたが、この時期にはまだ特殊会社組織をとっていた。かつて国際管理の執行機関であったが、いまは名目的な存在であるライヒスバーン監理会（監査役会）は、前年一九三五年三月にユリウス・ドルプミュラーの総裁留任を決定し、むこう三年間、共和制時代以来のドルプミュラー体制が続くことになった。

　ドルプミュラー総裁・クラインマン副総裁のライヒスバーンは、基本的にはナチス・ドイツの政策に従順である。大不況期以来の雇用創出計画で公共事業を担い、労働者レクリエーションのための国家組織「歓喜力行団《かんきりっこうだん》」の団体旅行を支えたのも当然であった。また、一九三五年九月のニュルンベルク党大会では五〇〇本以上の特別列車を増発し、八五万人の参加者を運んだ。

　このときすでに触れた「ニュルンベルク法」が制定された。一九三五年いっぱいで、ライヒスバーンにまだ残っていた「ユダヤ人」職員全員の退職が決められた。

　一九三五年末には、総額五五万ライヒスマルクを投じて「ドイツ鉄道一〇〇周年」を祝った。そのクライマックスは、一二月八日日曜に南ドイツ・ニュルンベルクで開かれた鉄道大パレードであろう。

鉄道100周年記念パレード（〇一形一五〇号と「アドラー号」レプリカ）

前日一二月七日から九日にかけてニュルンベルクでは祝賀式典がおこなわれた。外交使節としては、英国、フランス、イタリア、オーストリア、ハンガリー、ポーランド、スイス、スウェーデン、それに中国や日本など二四ヶ国から約一〇〇名がゲストとして招待された。

ドイツ史上初の本格的な鉄道路線は、このニュルンベルクと隣町フュルトの間を結んだ「バイエルン・ルートヴィヒ鉄道」。「ルートヴィヒ」は当時のドイツ連邦の一邦バイエルン王国（ほぼ現在のバイエルン州）の国王の名である。一八三五年一二月七日のことであった。

これがドイツの鉄道記念日であって、一〇〇周年を祝う記念行事がこの日から三日間、重厚な中世風の街並みをもつ古都で開かれているのに不思議はなかった。

記念行事に込められた思惑

もちろんナチ政府には、思惑があった。

一〇〇年前、鉄道をはじめて敷いたドイツ人愛国者に、現在の自分たちナチ（国民社会主義者）という「革命家」をなぞらえたいという意図である。「ドイツ帝国」成立より前の鉄道による経済的な「ドイツ統一」の試みと、新政権による現今の強硬な中央集権化とを、イメージの中で重ねてみせたいのであった。

歴史をダシにして現政権の正統性を訴えようというのであったが、そのために祝賀行事はナチ体制やそのスローガンと一体化されたものでなければならなかった。

記念行事でフュルトが前面に出されなかったのにも、この隣接する街がすでにニュルンベルク市に包摂されていたという以外に、どうやらナチス・ドイツならではの理由があった。

ナチの目からすれば、お城と中世都市の街並みと画家デューラーに代表される「ドイツ的な街」ニュルンベルクにくらべて、フュルトは歴史的発展にユダヤ人がより強く関与していた、つまり「ユダヤ的な街」であったからである。

いよいよ一二月八日午後二時、ニュルンベルク貨物駅構内の特設観覧スタンドに、スピーカーからアナウンスの声が鳴り響いた。

「傾注ください！　ドイツ・ライヒスバーンは、ドイツ交通の主要な担い手にして、世界最大の経済企業であります。ここにパレードをおこない、一〇〇年間の発展の成果として、その全車輛をおみせいたします」

　巨大な会場の整備には九万ライヒスマルクをかけた。ちなみに半リットルのビールが四〇ペニヒ（〇・四マルク）の時代である。

　林立する国旗に囲まれたスタンドで、三万人の観客が巨大なハーケンクロイツを先頭に飾った〇五形特急蒸気機関車や、E〇四、E一八などの電気機関車、特急ディーゼル動車「飛ぶハンブルク人」（SVT八七七）、……といった新型車輛をみた。

　全ての車輛は、一〇〇メートルの間隔をとって、時速八キロでゆっくりと通過する。豪華列車「ラインゴルト」を引く〇一形蒸気機関車や、各種の貨物列車、ビール列車、路面電車、乗合バスも走った。

　また、ナチが労働組合を弾圧破壊してつくった「ドイツ労働戦線」の下部組織である労働者レクリエーション団体「歓喜力行団」の人びとが、わりあてられた列車の窓から嬉しそうに手をふる様子もみえた。

ヒトラーは交通機関をどう捉えていたか

一九三〇年代鉄道高速化時代の先頭を走るドイツ・ライヒスバーン自慢の最新鋭の車輌が悠々と進むのは壮観だといえたが、スタンドを埋めたゲストたちは、歴史的車輌の出番がそれほどないのだな、という印象も受けたかもしれない。クラシカルといえるのは、「ルートヴィヒ鉄道」に使われた蒸気機関車アドラー号のレプリカやドイツ帝国時代の宰相ビスマルクの執務車輌くらいである。

実はこれも、政府――ヨーゼフ・ゲッベルス（一八九七～一九四五）率いるライヒ宣伝省の要求であった。宣伝省こと国民啓蒙・プロパガンダ省は、ライヒスバーンが当初、用意した四〇種類ほどの車輌のうち、宮廷列車などの歴史的車輌や古いタイプの業務専用列車の数々には興味を示さなかった。パレードはドイツの技術の優位を誇示する最も現代的な車輌が中心になるべきだと、秋以来の省間の打ち合わせでは強く主張した。

宣伝省側がひどくこだわったのは、パレードになんとか飛行機を登場させられないか、であった。これは無い物ねだりだったが、宣伝省は「鉄道一〇〇周年」も、もっぱらナチス・ドイツ体制の現代性と未来性をアピールする場としか考えていなかった。

アドルフ・ヒトラーはどうだっただろうか。ヒトラーもまた、ニュルンベルクの祝賀行事に主賓として参加していた。

この日、パレードに先立って、市内「産業・文化協会」のホールでヒトラー総統が登壇し、基調講演にあたる祝辞を述べた。ライヒ音楽院総裁指揮によるニュルンベルク市響のリヒャルト・ヴァーグナー演奏、管区指導者（ガウライター）、ライヒスバーン総裁、ライヒ交通相それぞれのスピーチに続いて、式典の最後を飾るものであった。

演説内容を紹介したライヒスバーン社内誌『ライヒスバーン』の記述によれば、「しばしば嵐のごとき同意の声で中断され」たという。

「疑いなく、鉄道は技術的なものの領域をはるかに超えて、やむことない政治的効果を及ぼす発明であった」と、鉄道路線の建設は当初から民族を結集させるべきものだったとしたうえで、ヒトラーは、次のように続けた。

「いかなる現代的発明がなされていようとも、鉄道の重要性は維持される。とりわけ、大量輸送機関として、である。自動車は個人的交通手段である。飛行機は最速の交通機関である。無条件に確実な大量輸送機関は鉄道であり、近々においては従来通り、そうであり続けるのだ」

ここから、当時の鉄道という交通機関がヒトラーによってどんな風にみられていたかがわかる。その歴史的意義を認めつつも、ヒトラーの目には自動車、飛行機という新しい交通機関の可能性こそがまぶしく映っていた。それらに挟まれた鉄道の、今後も当座のところは維持される実際的意義は「大量輸送」にほぼ限られていると考えていたのである。「飛行機や自動車がない生活を想像することは、今日もたしかに可能である。しかし、鉄道抜きに今日の生活を想像することはできない！」

ヒトラーはたしかにこう述べた。しかし、彼が本当に鉄道のことをそれほど大事に思っていたかどうかはあやしい。それは、ヒトラーの変わらぬ最大の関心事である戦争にむけてドイツ社会を急傾斜させていく翌一九三六年以降に、より明らかになるだろう。

オリンピックとリューゲンダム

ライヒスバーンには、年があけた一九三六年にも華々しい行事が待っていた。

一つはもちろん、ベルリン・オリンピックである。一九三六年二月のガルミッシュパルテンキルヘン（南ドイツ）での冬季大会につづいて、八月には首都ベルリンで夏季大会がひらかれた。

この第一一回オリンピック・ベルリン大会は、聖火リレーの実施、芸術作品的な公式記録映画の撮影、国際報道、試験的なテレビ中継放送など後世の大会にさまざまな手本を残すものだったが、ナチス・ドイツの国威発揚の場となったことも有名である。開催地ベルリンの都市整備は大々的におこなわれた。競技場はいうまでもない。

このとき市近郊に整備された、石造りの柱廊が囲む新古典派様式の巨大なスタジアムとその周囲の施設は二一世紀のいまも健在で、地元サッカーチーム・ヘルタ＝ベルリンの本拠地などとしても使われている。ナチの巨大趣味を実感できる好例だろう。

ライヒスバーンは準備段階からオリンピック開催の担い手のひとりであった。

ベルリン市内交通の整備が、Ｓバーン（都市鉄道）路線充実を軸にすすめられた。中遠距離路線の発着がおこなわれるベルリンの主要駅は、多くは旧市門の名前がついているように、中近世以来の旧市街の外縁に沿っていた。それらをまずは乗合馬車が連絡していたが、一八五〇年代に入ると主要駅間をむすぶ接続鉄道がつくられた。

一八七〇年代には拡張しつつある市街地を大きく囲む環状線ができ、一八八七年には、これにくわえて市内を東西に横切る市内鉄道が七年の工期を費やして完成、市内外をむすぶ鉄道路線の原型ができていた。二〇世紀には、アンハルト駅とポツダム駅を地下路線でつなぎ、さらにレールルト駅につなげるという南北路線の構想も当然のように出てくるが、第一次大戦の混乱のなかでこれは立ち消えになっていた。

ライヒスバーンは一九三〇年に、市内鉄道および近郊連絡鉄道を「Ｓバーン」と正式に命名した。

オリンピック開会をひかえた七月二七日、シュテティン駅とウンター・デン・リンデン駅を結ぶＳバーン北南線の地下路線が開通した。ベルリンは河川と湖沼《こしょう》からなる湿地に開かれた街で、土木工事にあたっては現代でも地下水対策が悩みの種となっている。都市部地下トンネルの建設は難工事であった。

これで都市環状線と東西南北の直通路線からなるベルリン・Ｓバーン路線網がようやく一歩完成に近づいた。

オリンピック開会期間中、ライヒスバーンは特別列車を増発しつつ定時運行を徹底し、ベルリン・Ｓバーンは九〇秒サイクルでの運行をおこなった。Ｓバーンでは、運転席の上部に張り出した連結器が特徴的な、ＥＴ一六六系の新車輌「オリンピア」が走った。

オリンピック終了後の一〇月五日には、バルト海地方のシュトラールズントとリューゲン島との海峡二・五キロをむすぶ築堤「リューゲンダム」建設記念の鉄道運行がおこなわれている。世紀の大工事であった。

蒸気機関車による高速化

このときドルプミュラー総裁も賓客として、ハーケンクロイツを先頭に飾った特別列車でシュトラールズント海峡を渡った。ここからスカンディナビアまではフェリーで指呼《しこ》の先である。

リューゲンダム落成の一ヶ月後には総裁、副総裁が連れ立ってデュッセルドルフ中央駅の改築お披露目の式典に出席した。駅舎主玄関の豪華な内装もそうだが、駅舎新築祝賀式自体が大不況期にはありえないものだったことを考えると、経済の回復自体は本当のことだと実感できたはずである。

もっとも、さまざまな産業部門に優遇運賃を設定していたうえに、国家的行事につきあい低運賃の特別列車運行をくりかえすと、ライヒスバーンの財務的負担は増した。ナチ期に入ったとたんの一九三三年・三四年度雇用創出計画の額は、当時あきらかになっただけで七億ライヒスマルクを超えていた。

すでに一九三五年夏には、一億八〇〇〇万ライヒスマルクの赤字を埋めるために運賃改定か国庫納付金の減額ができないか、党・政府に総裁が陳情している。

思わしくない財政状況にありながら、ライヒスバーンは鉄道高速化をさらにおしすすめた。しかも、今度はお家芸のディーゼル車ではなく、蒸気機関車による高速化への挑戦であった。

もはや〇一形や〇三形といった定評のある蒸気機関車を時速一三〇～一四〇キロで走らせるだけではなく、時速一五〇キロ以上で幹線を安定的に走らせるべきだというのは、事業者団体である機関車工業会のかねて（一九三一年）からの要請でもあった。

早くて便利ということで人気が出た「飛ぶハンブルク人」ことSVT八七七だったが、一応はビュッフェのカウンターもあるものの、やや車内が狭く、座席がゆったりとしているとはいえなかった。

ここはライヒスバーンとしては、大ぶりの豪華列車を走らせたいところでもあった。くわえて、ナチ政権の性格である。鉄道高速化、とりわけ蒸気機関車の限界への挑戦は各国鉄道業の威信を賭けたレースとなっていた。

新動力の導入によって簡便な高速鉄道を開発するという経済合理性よりも、大戦前から延々続けられてきた蒸気機関車の高速化争いにおける勝利を、国粋主義的な政府はライヒスバーンに望んだ。鉄道は国威発揚の道具であった。

スピード世界記録への挑戦

一九三四年、ボルジヒ社が設計した〇五形機関車二台が、二六万ライヒスマルクをかけて製造された。〇五形〇〇二号機関車は高さ四・五五メートル、全長二六・七二五メートル。ライヒスバーン史上最大の直径二三〇〇ミリの動輪と、直径四五〇ミリのシリンダー三基をもつ空重量一一八トンのこの大型機関車は、最初からスピード世界記録への挑戦を念頭において生み出されたといってよい。

当時の世界最高速を記録した〇五形〇〇二号と同形の〇〇一号機関車

ライヒスバーン中央局第二三課（蒸気機関車・モーター車製造）長の技師リヒャルト・パウル・ヴァーグナーは、高速化に不可欠の流線型を与えるために機関車に裾の長い覆をかぶせ、入念な実験を繰り返した。

一九三六年五月九日にベルリンを出発したお披露目の周遊走行を経て、ついに一一日、〇五形〇〇二号機関車は大々的に喧伝されたハンブルク―ベルリン間の試験走行に挑んだ。蒸気機関車による世界最高速度への挑戦である。運転整備時の重量は約一三〇トンであった。この日、四輛の大型客車を引いていたが、ドルプミュラー総裁は例によって、みずからこれに乗り込むという力の入れ具合であった。

一五時二七分にハンブルク駅を出発し、一七時四七分にベルリン・レールテ駅（現在のベルリン中央駅）に到着する特別走行中、ベルリンにあと一〇〇キロというノイシュタット近辺の下り坂で、時速二〇〇・四キロを出す。自動給炭装置をもたない〇五形〇〇二号機関車を指導機関士ラングハウス以下のチームは懸命に走らせ、ついに速度計の針が二〇〇キロを振り切ったのである。時速二〇〇・四キロ世界記録達成であった。

直径二・三メートルの大動輪が一秒間に七・七回転し、巨大な三基のピストンが同じ瞬間に七・七往復した。万が一の場合をおそれてただちに減速が命じられたが、時速二〇一キロに達する瞬間もあったとされる。この後、一九三八年にロンドン・アンド・ノースイースタン鉄道の「マラード」が時速二〇二キロを出すまで、二年以上破られない記録になった。

ドルプミュラー総裁、それに同乗していた交通相以下、運行スタッフとともに特別運行の招待客がシャンパンで世界記録樹立を祝った。

シャンパングラスを手にする中にはハインリヒ・ヒムラー（一九〇〇～四五）、ラインハルト・ハイドリヒ（一九〇四～四二）らナチ高官がいた。鉄道高速化は純粋に技術的チャレンジというばかりではなく、ナチス・ドイツにおける国威発揚の国策の一環でもあったことは、くりかえしいうまでもない。

そしてライヒスバーン首脳陣、たとえばドルプミュラー総裁のような国際派であると同時に保守的な愛国者にとっても、この記録樹立は技術的、経営的な配慮を越えた満足を得られるものだったはずである。

新開発のディーゼル動車

この後、蒸気機関車の高速化は技術的隘路《あいろ》に入り、費用がかさむことが明白になった。動輪の回転数はほぼ限界に達していたため、速度を上げるには動輪をさらに巨大化するしかない。したがって営業運転で時速一七五キロを求められる〇五形は最高時速一五〇キロ程度の〇一形より三〇〇ミリ大きくなる必要があった。ところが、ディーゼル動車の「飛ぶハンブルク人」は動輪直径九五〇ミリながら、最高時速一六〇キロに達するのである。

多大なエネルギーを投じた高速蒸気機関車〇五形はその後、〇〇三号までつくられ、日本の超高速鉄道計画のモデルともなったが、ついに試作機の域を出ぬままに終わる。

ライヒスバーンは高速化の中心を、ディーゼル車においた。五月一一日の特別運行でも、シュテンダールからハノーファーまでの間を一時間強で走る電気式ディーゼル動車（ディーゼル・エンジンでモーターを回し、台車を駆動する気動車）が、お目見え走行に参加した。

平均時速一〇〇キロ以上で主要都市間を結ぶ特急の運行がはじめられた。そこに一九三八年までに投入されたのは、ハンブルク型、ライプツィヒ型、ケルン型、ベルリン型などと呼ばれる、新開発のディーゼル動車であった。
「飛ぶハンブルク人」の商業的成功を受けて、ライヒスバーンは首都ベルリンを中心に、ケルン、ニュルンベルク、ミュンヘン、シュトゥトガルトなど主要都市との日帰り旅行を可能にする特急列車のネットワークをつくっていく。「飛ぶケルン人」などという愛称を与えられるものも出た。まず導入されたハンブルク型は、これまでの「飛ぶハンブルク人」に比べてやや大きく、座席数も増やしていた。営業運転で最高時速一六〇キロを出した。

だが一方で、Sバーンを例外に、路線の電化は停滞していた。前年一九三五年に開発され、早速「鉄道一〇〇周年記念パレード」にも参加した名機E一八電車が営業運行をはじめているだけである。

路線電化には資本が不足していたためであった。つまり、「四ヶ年計画」に入ろうとするナチ政府は、鉄道電化に大した関心をもたなかったのである。

鉄道高速化で世界の先頭に立ったといえるライヒスバーンだったが、ナチス・ドイツの交通政策は、その将来の発展をくまなくバックアップしてくれるわけではなかった。

ドイツ国鉄首脳陣の関心事

公共事業への支出といった政策のほとんどは、ナチ政権成立前にそのアイディア自体はたてられていた。すでに実行に移されていたものも少なくない。

一九三六年までの経済政策については、共和政以前からのエスタブリッシュメントで専門家であったシャハトが責任者だったように、ヒトラーやナチに計画立案そのもののオリジナリティは乏しい。あのトットによるアウトバーン建設にしたところで、一から十まで天才技術者にしてユニークな自然景観論者の独創というばかりでもないのである。国内外に「自動車専用高速道路」のアイディアや実践の先例はあった。

ライヒスバーンがナチス・ドイツに奉仕しておこなった国策的な数々の事業にも、同じことがいえる。

もしもナチス・ドイツになっていなくても、「ドイツ鉄道一〇〇周年」は一九三五年になんらかの形で祝ったであろう。ライヒスバーン側の希望通り、歴史的な車輛が鉄道博物館の倉庫からもっと引っ張り出されていたはずである。そのほうが歴史を振り返る行事としてはよかったかもしれない。

ベルリンへのオリンピック招致も、そもそもはヴァイマル共和国末期（一九三一年）であった。Ｓバーンの整備をはじめ、市内交通の整備は、体制の如何《いかん》を問わずすすめられたに違いない。万が一（たとえば大不況の持続や、政権党ではないナチ党とＫＰＤとの相変わらずの「内戦」といった政治混乱などのせいで）ベルリン・オリンピックが実現しなかったとしても、五輪招致のはるか以前から、都市計画を含む首都の大幅な改造は、その必要が指摘されていた。ヒトラーが特にこだわった市内南北軸の整備も、第一次大戦前からの課題とされ、駅の移設や地下化もいずれやるべきものだと考えられていた。

鉄道高速化にせよ、すでにみてきたように、ライヒスバーンは少なくとも大不況期以前から、これに精力的に取り組んでいた。要するに一九三六年、あるいは第二次大戦開戦までのナチス・ドイツにおいておこなわれたことの多くは、ことライヒスバーンにとっては、それ以前から始めていた事業の延長線上にあったのである。

ナチの組織侵入や人種主義的政策の職員や旅客への押しつけは意想外のことだったが、それに目をつぶりさえすれば、よかったのであった。そもそも目をつぶっていいのかどうかについては、ドルプミュラー総裁はあまり考えなかったふしがある。

クラインマンのような元からのナチ党員はここではむしろ論外であるが、政権成立後になって争って入党した幹部職員たちはといえば、ここは目をつぶるべきだと考えたのだろう。

ドルプミュラー総裁ら首脳陣の最大の関心事は、鉄道の輸送機関における優位を将来も確保することだった。ヒトラーを筆頭に、新しい物が好きな高官が多いナチ政権下では、これは危ういところもあった。

現にモータリゼーションの礎《いしずえ》となるべきアウトバーンの建設は進められており、その主役は、ドイツ道路総監のトットである。ドルプミュラー総裁はじめ、ライヒスバーンとの関係は必ずしもうまくいっていない。トット道路総監府の機関紙『道路』でもドルプミュラー国鉄総裁の現地工事視察を無視して、ほとんど報じない始末だ。ライヒスアウトバーン社のメイン出資者であり多数の職員の出向元として、道路交通も手中に収めるつもりだったライヒスバーンにとっては、当て外れの事態である。

だが、一九三六年においても輸送統計——これを信用できるとして——によれば、物流の九一・五％はなお鉄路により、道路輸送は残りの八・五％にすぎない。なんといっても、まだ自動車は当面の敵ではなく、物流は鉄道抜きでは話にならない。ヒトラーの演説にあった通りである。

ナチがどこから出てきた連中かはともかく、いまや「お上(Obrigkeit)」となったヒトラーの言は信用しなければならない——というところでもあっただろう。

偽りのイメージと楽観の罠

独裁体制の一種の効率性は、政権を奪ったナチ党が好んで喧伝したものであった。

「指導者原理」の貫徹で、外見的には即断即決で物事がすすむ。共和制時代にあった既得権益の争いや利害調整による不合理が解決され、技術的必要に即応したスピードのある政治判断と行動ができるというイメージは、「若さ」を前面に打ち出したナチ政権が国民に振りまいた期待であった。

政権の近い周縁に現におかれたライヒスバーンが、そんな偽《いつわ》りのイメージに騙《だま》されることはなさそうなものだ。だが逆に、現実のナチ政権首脳陣のいかがわしいディレッタントぶり、責任者が複数いる多頭的な意思決定機構の無責任と混乱、アウトバーン建設などでライヒスバーンも巻き込まれている権益争いの常態化などを知れば、みな国家試験を受けた高官出身であるライヒスバーン首脳陣としては、ナチ政権とそのメンバーを内心では逆に軽侮せざるを得なかっただろう（ナチ系職員代表のクラインマンですら、そうしたところがあったかもしれない。ナチ党は、昔は随分面倒をみてやった相手だった）。

その見下した思いは、甘さにつながったかもしれない。さすがに一九三六年にもなれば、三三年中のようには、ヒトラー政権がごく短命なものだとはもう思えない。三四年夏のヒンデンブルク大統領死後には、権力確立はすでに済んでいた。

だが、ある年配以上の社会的地位のあるドイツ人にとって、アドルフ・ヒトラーは神秘的な能力をもった「総統」「わが指導者」ではまだなかった。そうなるには、一九三八年はじめに私生活上のスキャンダルのフレームアップによって軍指導者二名を逐い、国防軍の独立的な権威を奪いとるに至るまでの、あるいは無血の外交的勝利を得て領土をつぎつぎに拡大（「回復」）するまでの、そして大戦緒戦での瞠目に価する勝利をおさめるまでの何年間かをまだ要した。

大袈裟な身振りで矯激な演説をおこなう、変わった風体の男。敵――たとえばボルシェヴィキ、ヴェルサイユ体制……――の敵はもしかすると味方かもしれず、時には「いいこと」「面白いこと」もいうように思えるが、しかし所詮は教育もキャリアもない地方政治屋あがりの元オーストリア人、「ボヘミアの伍長」。ヒトラーが全国政治家として芽が出てから起こした、同居していた姪《めい》の謎の自殺（一九三一年）という陰惨なスキャンダルを覚えている者も少なくなかったはずである。ましてや、その取り巻き連中ときたら……。

こんな「お上」ならば、自分たちのやりたいことを、諸事面倒な民主主義の共和制時代よりも簡単にできるかもしれない、という変な楽観は生じていなかっただろうか。

だとしたら、これは心理的な陥穽《かんせい》であった。もしもそうした罠が人びとの心の中にあったとすれば、ナチはたくみにそれにつけこんで体制を固めたのだといえる。

ヒトラーはじめナチには、ヴァイマル共和国時代以前からあったアイディアを巧みに換骨奪胎し、あたかも自分たちのものとして強引に実行に移す手腕が、たしかにあった。その手腕は、やがてナチ本来の「思想」と欲求のために直接的に用いられることになっていく。

「世界首都ゲルマニア」構想

「ヒトラーお気に入りの建築家」として知られるアルベルト・シュペーア（一九〇五～八二）は、一九三四年以来、ナチ党主任建築家として、ニュルンベルクの党大会会場などの建築で名をあげていた。

一九三七年一月末、ヒトラーは首都ベルリン大改造計画を正式に命令し、若きシュペーアを「ベルリン建築総監」に任命、新首都として「ゲルマニア」に改名されるべき巨大都市への改造計画を立案させた。

シュペーアは建築家志望だったヒトラーが一九二〇年代に書きためていた二重凱旋門などの建築デッサンも参考にしながら、最外縁部をアウトバーン環状線が囲む「世界首都ゲルマニア」の見取り図をつくった。それによると、幅一二〇メートルの大通りを含む南北幹線道路と東西幹線道路が交差する市街は、巨大建造物で満ちている。

新古典主義様式の荘重な、しかしどこかでみたような石造建築が、お手本の数倍の大きさで再現されるはずであった。シュプレー河畔にそびえたち、「世界首都ゲルマニア」の景観を支配しただろう、ひときわ巨大な「国民ホール（大ホール）」が計画された。古代ロ

シュペーアによる「世界首都ゲルマニア」計画模型

ーマのパンテオンを模したといわれるが、高さ二九〇メートル（のち計画変更で三二〇メートル）というのは本家の七倍弱にもなる。国民ホールの前には一〇〇万人収容の大広場があり、総統官邸と国防軍総司令部が左右対の建物として控えている。

　六キロを超える、パリのシャンゼリゼを意識した南北のメインストリートには官庁や記念建築、文化施設やオフィスが建ち並び、その南端には凱旋門があった。凱旋門をくぐると巨大な鉄道駅（「南駅」）とテンペルホーフ空港がある。

　従来のベルリンの動線を改造した東西軸には、目抜き通りウンター・デン・リンデンを飾ってきたプロイセン王国以来の建築のほか、美術館、博物館が建ち並ぶ。東西軸のうち、ブランデンブルク門の西側はティアガルテンの緑地を突っ切る（現在の「六月一七日通り」）。市内中心部をやや離れた場所にも、親衛隊（ＳＳ）総司令部、大学、病院などがつくられ、郊外には大規模な労働者集合住宅エリアが構想された。

郊外に大規模集合住宅をもつ田園都市をつくろうというのは、この時代に流行《はや》りのアイディアである。現に共和制末期には、電機メーカー・ジーメンス社が旧市外に工場を集積させて拓いた街「ジーメンス・シュタット」における集合住宅をはじめとして、ベルリン近郊に労働者住宅があいついで建設された。現在、一連の「モダニズム集合住宅群」は世界遺産に指定されている。

ベルリン都市計画の歴史

少しさかのぼって、王都から近代都市になって以来のベルリンの歴史をみておこう。

一九世紀以来、ベルリンは急速に人口を増大させた。一八五〇年に住民数四〇万超でしかなかったが、第一次大戦前には近郊もあわせて三八〇万を超え、一九二〇年代半ばに四〇〇万に至った。王都から帝都・首都となった政治都市であり、それ以前に機械工業を中心とする卓越した工業都市、金融業はじめ大企業の本部が集中する経済都市でもあったべルリンには、おもに中東部ドイツから膨大な人口流入があった。

ベルリンの都市改造の必要は誰の目にもあきらかだったので、かねてからこうした都市計画は進められてきた。一九世紀ロシアの革命家ピョートル・クロポトキン（一八四二～一九二一）は自伝『ある革命家の手記』（高杉訳）で、訪問した一九世紀後半のベルリンに抱いた否定的な印象を記している。

無政府主義の革命家が反動的な軍国主義プロイセンの都を褒《ほ》めることは決してなさそうだが、パリなどとくらべれば、これはたしかに同時代人の多くに同意される都市ベルリンの評判であった。モスクワとパリの間に存在する唯一のメトロポールにしては、大きいばかりで雑然として、あまり華がない。

もっとも、あくまで旅人や訪問客の印象にすぎないところもあろう。実際には一九世紀後半以降、都市人口と首都機能の膨張に対処すべく、都市計画の努力が住民の手で重ねられていた。

経費や複雑な利害関係の調整といった課題に取り組みながら進められ、当然のことだが、基本的にはこの都市に住む人々の必要を考慮していた。たとえば都市衛生に関するインフラ整備の継続であり、市壁の撤去による市街地拡張や交通動線の整備であり、電化であり、労働者街の改善計画であった。

一九二〇年には統合による市域拡大で「大ベルリン市」が行政単位となり、都市・社会問題に対処しようとしていた。南北軸の形成も、そうした背景をもつベルリン都市計画の一つである。

鉄道に関しても、一八八〇年代にようやく市内環状線の東西両端をむすぶ路線ができて以降、世紀転換期からは都市部拡張に応じて周縁路線の整備が営々としてすすめられていた。大戦前にはポツダム駅とアンハルト駅を地下路線で結ぼうという南北（北南）路線の計画が公表されている。

都市中心部の工事には着工以前から障害が多く、大戦勃発でこの計画は頓挫していた。だが共和制期にも、ベルリンの主要駅の再編や移転は絶えず議論された。ライヒスバーン社のベルリン鉄道管理局は、市内ポツダム駅、アンハルト駅、ドレスデン駅という主要駅の移転や地下化の費用試算を、一九三三年九月という早い時期にはじめている。

すでにナチ政権は成立していたが、まだライヒスバーン社とナチ新政権との間には緊張的な距離があった時期である。鉄道管理局が本社に試算を命じられたのは、共和国末期の一九二九年に検討された複数の計画上の選択肢の一つであった。ナチス・ドイツの一九三〇年代に、これらの計画がついに実際に着手されたのだともいえる。

当時のベルリンの地位

問題は、行政の長であるヒトラーとナチ政権による首都計画が、単なる先入観や第一印象、あるいは個人的な趣味の産物に終始したことであろう。いわば、かつての行きずりのクロポトキンの感想とレベルに大差のないものであった。

「ゲルマニア」計画は、首都をナチス・ドイツにとっての一種の恒常的な祝祭空間にしようとする側面がきわめて強かった。少なくともヒトラー個人にとっては、そればかりだったようにもみえる（巨額の公共投資で潤うはずの建設業界の思惑はまた別として、である）。

そもそもドイツ国内の他の大都市に対する首都ベルリンの地位は、同時代のパリやロンドン、あるいは現代の東京のように議論の余地なく突出したものではなかった。一国の人口や機能の何もかもが首都に集中していたともいえない。出版など、文化的発信も含めてそうであった。

かつて爆発的だった人口増加率も、一八五〇〜一九三九年で均《なら》してみると同時期のドイツの他の都市のそれを大きく上回るわけではなく、第一次大戦前には首都への人口集中の傾向はおさまっていた。一九二〇年代には、ベルリンの人口成長自体が勢いをうしなっていたのもあきらかであった。

> ……ベルリンは現実にはメガロポリスへと発展するほどポテンシャルを有していなかったという印象が強い。……ナチスの立てた誇大妄想狂的なベルリン改造計画などというものは、しょせんまったく現実性のないものだったのである。（ゲルハルト・ブルン〔馬場・辻訳〕）

「ゲルマニア」の実際上の必要を欠いたモニュメンタルな巨大建造物に支配された街路は、都市労働人口の膨張や市内交通の利便を配慮するものではなく、むしろその逆であった。

巨大建築のために現在の施設の破壊や住民の立ち退きが必要であるが、それをどうするべきか。本当に周縁部への移転で企業や労働者の大量移動をカヴァーすることができるのか——といった問題を、ヒトラーが真剣に考えた形跡はあまりない。ヒトラーとシュペーアは「ゲルマニア」の巨大な模型を前に、主に建物の外観の変更について話し合っていたようである。

こうした悪い意味で美学的な都市設計に、実際的な都市改造計画の肉付けをするのには、多くの関係組織・実務官庁に大変な労力が強制されることになった。

鉄道——ライヒスバーン当局も例外ではない。

「ゲルマニア」の鉄道計画

「ゲルマニア」計画では、「世界首都」の長距離鉄道交通は、ベルリンの当時の複数に分散したターミナル（アンハルト駅、ポツダム駅、ゲルリッツ駅、シュテティン駅、レールト駅）を統合した、二つの巨大な新駅に集められることになっていた。南北軸の形成とリンクされ、「北駅」と「南駅」と名づけられた頭端式《とうたんしき》駅（線路が行き止まりの駅）の壮麗な建築物が遠距離路線のターミナルとされた。

これを受けて一九三七年五月、「ベルリン鉄道施設計画の完成のため」にライヒスバーン建設特別管理局（RBauD）が設置された。「ゲルマニア」計画の着工を三九年に控え、計画の中身を詰めていくのが仕事であった。まだ細部を検討するというよりは、「ゲルマニア」計画の鉄道に関する部分の、実現可能性を技術的に検討しなければならなかった。管理局長官以下、八部門五〇部局をもち、建築、土木、機械関連ならびに測量関係の技官をはじめ一五〇〇名の職員が働いた。

ライヒスバーン建設特別管理局の主な任務は、巨大な新駅の建設と路線拡張の計画づくりであった。工事開始の期限に追われながらの容易ならぬ作業である。また、ライヒスバーンの専門家たちにとっては、全面的に賛同もしにくい内容の計画であった。

南北軸の市内中心部の両端に巨大な二つのターミナル駅をというのだが、堂々たる頭端式駅にするのがまず問題であった。一般論として頭端式駅は通過式駅にくらべて、経済合理性や運行の効率性に劣る。到着した列車は、逆向きに発車しなければいけない。

だから、もともとライヒスバーンはベルリンでは頭端式駅を廃し、当時二割弱の遠距離列車が乗り入れてきている市内路線に「遠距離路線の中央駅」を定める構想をもっていた。だが、これを断念せざるを得なかった。

また、南北二つの「中央駅」に交通が集中する弊害も避けなければならなかった。遠距離列車の発着を仲良くほぼ五等分している五つの駅から機能を移してくるのである。混雑は避けがたい。

これに対しては、環状線の東西に通過式の「中央駅」を設けることにした。南・北中央駅という頭端式駅の運営を通過式駅で補おうというのはよい考えであった。それぞれは市内を東西に横切るSバーン路線と連絡した。この東西の旅客駅のそばに「ルンメルスブルク」と「グルーネヴァルト」の二つの留置駅を設ける。

市内中心部からはこのSバーン路線以外は地上路線が全面的に撤廃されるので、新中央駅建設とともに、路線網の全面的な見直しが必要となる。「北駅」「南駅」は地下鉄で結ばれるが、これらの駅に路線が集中するので、市内Sバーンや市中心部・環状線と郊外を結ぶ近郊路線(「遠距離Sバーン」)の整備・新設も必要であった。

ライヒスバーンの課題と代償

市内（環状線内側）からの鉄道施設の撤去は、ライヒスバーンにとって大きな課題である。貨物駅、操車場、関連工場もすべて移動しなければならない。当時のベルリンの貨物駅は、アンハルト駅、ハンブルク駅、レールテ駅、シュテティン駅、ゲルリッツ駅、北貨物駅、シュプレー河岸駅。当時一日に一万一〇〇〇〜二〇〇〇の貨車をさばいていたこれらの貨物駅の大半を、市内中心部から引き抜かねばならない。

パンク気味の首都物流の整理は世紀転換期以来の課題であったから、先人のアイディアが引っ張り出されてくる。「外環状貨物線（Güterausserring／ＧＡＲ）」ということで、郊外に東西南北四つの「地域貨物駅」を新設し、環状路線でむすぶことになった。一九三九年の計画では四三年より従来の市内貨物駅からの機能移転がはじまり、五〇年に移転が完了するとされた。操車場も外環状貨物線（ＧＡＲ）同様に郊外に新操車場が新設される。

一万人以上の労働者の移動を余儀なくされる、ベルリン鉄道管区だけで六つのライヒスバーン修理工場（Reichsbahnausbesserungswerk／ＲＡＷ）の移動も容易ではなかった。こちらも郊外に複数の工場を新設することになった（新設計画のために広大な土地が準備されたが、計画された移動が完了し工場稼働に至ったものは、結局のところ少ない。建設予定地の多くは第二次世界大戦後、長い間放置されるままになった）。

建設特別管理局はじめ関係者が、一九三七年から三九年にかけてだけでもこうした苦労を払った代償として、ライヒスバーンは首都に巨大かつ豪奢な中央駅を手に入れるはずであった。

「東駅」「西駅」は最後まで工事計画もたてられないままであったが、「北駅」「南駅」は「ゲルマニア」計画のコアの一部であり、一九四〇年代後半に開業が予定されていた。一九四五年（「南駅」）、四八年（「北駅」）の落成・開業はもちろん実現しなかったが、未曾有の巨大駅のイメージは伝えられている。

「ゲルマニア」中央駅の全容

一九世紀以来、欧米の大都市の鉄道駅はどんどん大きく、また豪華になっていった。もともと鉄道駅は市内中心部から離れて置かれていたが、鉄道が交通・輸送機関の王者になってからは、首都をはじめとする都市の玄関として駅舎には特別の意味がもたされるようになる。

ドイツでは第一次大戦前からライプツィヒ駅やハンブルク、シュトゥトガルト、ダルムシュタットなどで巨大な頭端式のターミナル駅舎が建設されていた。

たとえば第一次大戦中に完成したライプツィヒ中央駅は五万九〇〇〇平方メートルの駅

構内ホールをもつ、世界最大級の駅であった。戦争により建設が中断し、一九二八年に完成したシュトゥットガルト中央駅は歴史主義・古典主義的な様式から離れ、装飾を排したレンガつくりのファサードをもっていたが、やはり重厚な巨大建築であって、一九〇メートルの長さがあった。

第一次大戦後には西欧では機能主義的な要素をもつ新しい巨大駅が次々とつくられた。ドイツでもデュッセルドルフ（一九三二～三六年にかけて建設）、ルール地方のデュースブルク、オーバーハウゼンなどの中央駅がこれにあたる。

ナチ政権はしかし、機能主義・新即物主義を「退廃芸術」として排斥したため、こうした新しい設計理念にもとづく駅建築は途絶えた。だが、ヒトラーが芸術家志望だった時期以前からの、一般的な駅建築の巨大趣味だけは受け継がれた。ハプスブルク帝都・ヴィーンに暮らしていた青年時代のヒトラーは、一九世紀後半に建てられたヴィーンの西駅、北駅、南駅などの壮麗なターミナル駅を目にしていた。

それにしても「ゲルマニア」の中央駅は、こうした巨大駅と比較しても、群を抜いて巨人的であった。

「北駅」は高さ五四メートル、全長四〇〇メートル、幅二五〇メートルの大駅舎に一〇ホームを備える。現在の東京駅・丸の内駅舎部分の尖塔部を含めた高さが四五メートル、全長三三五メートルである。

線路をまたぐ形でつくられた送迎ホールの北サイド（高さ二四メートル）は諸施設や事務所、ホテルにあてられ、南サイド（高さ二九メートル）は自動車ホールとして直接、自動車の乗り入れができるようにされていた。この自動車ホールの下にはＳバーン、Ｕバーン（地下鉄）、路面電車の路線が走る。長距離路線としては、シュテティン、ロストック、ハンブルク、ハノーファー方面が予定された。

「南駅」の巨大さはこれをしのぐ。駅舎北側の送迎ホールの高さは当初、一一〇メートルを予定され、一説にはヒトラー本人ですら「これは大きすぎる」として改めるよう指示したので、結局は七〇メートルに落ち着いた。

現在の二〇階建てのビルディングに相当する高さである。全長は四〇〇メートル。当初計画では一二のホームをもつことになっていた。コトブス、ドレスデン、デッサウ、マクデブルクなどの方面から入る長距離路線とＳバーン、Ｕバーンとの連絡は、エスカレーターによる上下層の移動でおこなわれるはずであった。

南北両中央駅ともに豪奢な内装が予定され、また郵便配送や物流のためのエレベーターなどの設備も考えられていた。だが、あまりにも構内が広すぎて、もしも実現していれば、乗降客は遠距離列車と市内交通との乗り継ぎには相当苦労させられたに違いない。

「運動の首都」都市計画

駅計画は第二次世界大戦開戦後の一九四〇年代に入っても続行された。これらが実現しなかったのは、もちろんドイツ敗戦によるものだった。

ライヒスバーン特別建設監督局の計画に対して、たえずヒトラーやシュペーアからの熱心な介入があったことも、計画自体が遅れた原因であった。

なお、こうした巨大駅の構想は「ゲルマニア」計画に限られなかった。ヒトラーは故郷リンツもふくめ、ライヒ五都市（ベルリン、ハンブルク、ミュンヘン、ニュルンベルク、リンツ）で大々的な都市改造計画を構想した。ナチ発祥の地ミュンヘンも、もちろんこのライヒ主要都市計画の対象である。

「（国民社会主義）運動の首都」（「党運動首都」）と呼ばれるミュンヘンは、シュトゥトガルト、ニュルンベルク、ザルツブルクにそれぞれ通じるアウトバーンに連結した三つの主要幹線を持つようになる。南東幹線の起点は、例の「ビアホール一揆」の舞台ビュルガーブロイケラー。ナチ運動の歴史を強く意識した都市計画であった。

「運動の首都」都市計画にもヒトラーは直接関与し、シュペーアのライヴァルである建築家ヘルマン・ギースラー（一八九八〜一九八七）にあれこれと指示を下した。

「運動の首都」の幅一二〇メートルの東西幹線（「大幹線」）の一方には高さ二一四・五メ

ートルの「運動記念碑」塔がそそり立ち、それと七キロ弱を隔てて向かい合うのが、最高一一六・六メートル、直径二六五メートルのドーム型の屋根をもつミュンヘン新中央駅である。

この中央駅の設計担当は、建築家パウル・ボナッツ（一八七七～一九五六）。頭端式ターミナルのプラットホームにはドーム屋根の中天から光が降り注ぎ、駅構内に荘厳な雰囲気をかもしだすはずであった。

建築家ボナッツの代表作の一つには、右で紹介した巨大なシュトゥットガルト中央駅がある。このころのボナッツはアウトバーン建築を通じてトットと近い関係にあり、道路総監府の機関紙『道路』の定期寄稿者でもあった。ライヒスバーン総裁を無視した雑誌である。

「大ドイツ・ライヒ」の鉄道

一九三七年二月、ライヒスバーンのドルプミュラー総裁は、そのままライヒ交通大臣に就任した。前交通大臣パウル・フォン・エルツ＝リューベナハがカトリック信徒へのナチ政権の対応を批判し、解任されたためであった。

交通大臣が総裁を兼任するライヒスバーンは会社組織を廃し、「ドイツ国鉄」は完全に公官庁組織となる。「鉄道をライヒに戻す」というスローガンが実現した形である。だが、こうした変化がライヒスバーンのかかえる問題を軽減させたわけではなかった。

一九三三年以降、景気回復にともない鉄道の輸送量は乗客、貨物ともに順調に回復していた。その裏で、三〇年代半ばころからライヒスバーンの運営に危機が忍び寄っていたのである。

政治経済的に強要された低運賃・優待運賃による運行は、輸送量の増大にもかかわらず、ライヒスバーンの利潤を圧迫しつつあった。世の耳目をひく高速列車成功のかげで、設備投資が進まず、輸送能力に限界が近づいていた。特殊会社時代には起債によってこれをまかなおうとしたが、財政・金融を牛耳《ぎゅうじ》っていた中央銀行総裁・経済相シャハトがその前に立ちふさがっていた。一九三〇年代半ばには投資額は停滞気味であった。

「第二次四ヶ年計画」においても、ライヒスバーンは冷遇されていたといってよい。急速な軍備増強を目指す経済計画において、鉄道の優先順位は低かった。鉄道投資のいわゆる「三R（RRR）」すなわち車輛（Rolling Stock）、拡張（Real Expansion）、補修（Renewal）への投資は、多分野の軍需生産への集中的な投資のわりを食い、思うにまかせない。

一方で、一九三八年のライヒスバーンは多忙であった。ヒトラーの手で「ドイツ国」すなわちドイツ・ライヒが「大ドイツ・ライヒ」へと急拡張したためである。

戦争をちらつかせることで、ヒトラーは英仏に対して外交的勝利を重ね、ほぼ無血の領土拡張を実現していた。西部ドイツ・ザールラント併合、独墺《どくおう》合邦（アンシュルス）、ズテーテン地方併合とチェコスロバキア解体。これらには、ヴェルサイユ体制によって制限されたドイツ人の民族的な統一の回復、「一民族一国家」という大義名分がたてられた。

ザールラント地方における住民投票の実施を除いてはみな、第一次大戦後の小国分立で中東欧に生じた権力的空白を、再び大国化したドイツが埋める試みだといえた。

「独墺合邦」はナチス・ドイツがオーストリアの独裁的な政権を現地の（非合法の存在だった）ナチ党員も使って揺さぶり、ついに脅迫によって打倒したことにはじまる。直後に、住民の圧倒的支持を得て法的に成立した。オーストリア国民は長い不況に喘《あえ》いでいたから、ヒトラーが職とパンをもたらしてくれるという期待が広まっていた。迫害されることが決まったユダヤ系はじめ一部の住民の声は、熱狂の中で無視された。

オーストリアは大ドイツ・ライヒの一部として「オストマルク」の名で呼ばれることになった。国際社会もこれを容認する。ドイツ・ライヒスバーンは、ただちにオーストリア連邦鉄道を吸収した。

鉄道から遠ざかるヒトラー

ハプスブルク帝国時代のオーストリア帝国鉄道は第一次大戦後、解体・改組され、ヴィーンという立派すぎる首都をもつ山間の小国・オーストリア共和国の国鉄となった。その後一九二三年に公社化され、特殊法人・オーストリア連邦鉄道（当時の略称ＢＢÖ）となる。首都ヴィーンに本拠をかまえ、四つの管区をもっていた。

一九三八年三月一二日のドイツ国防軍によるヴィーン無血進駐から一週間経たぬ間に、交通省次官・ライヒスバーン副総裁クラインマンは、この連邦鉄道ことオーストリア国鉄吸収の指揮に乗り出した。

オーストリア国鉄の左派系職員・労働者の抵抗をただちに抑えこみ、ユダヤ系雇用者を追い払う。ライヒスバーンは六〇〇〇キロの路線と三万を超える貨車、二〇〇〇に及ぶ機関車（うち一割が電気機関車）を手に入れたことになる。

もっとも、オーストリア国鉄併合は、ライヒスバーンにとっては負担となった。大不況期以降、オーストリア国鉄の施設は損耗したままだったし、設備近代化もひどく遅れていた。

くわえてライヒスバーンは、特殊法人オーストリア連邦鉄道の年間二億ライヒスマルクにもなる営業赤字も引き継がなければならなかった。そして五万五〇〇〇人の、長年にわたって異なるシステムで働いていた旧オーストリア鉄道員を組織に抱えこむことになった。

三月一八日、「七二万の同僚の名で」交通省次官クラインマンは「ドイツ・オストマルクの鉄道人へ！」との訓示を出した。

……同志諸君、いまや諸君は純粋なる国民社会主義をとる管理体の庇護《ひご》の下にある。

……時はいまだ。諸君、ともに働こう、大ドイツと我らが指導者のために！

ところで、このころのクラインマンには前年、交通大臣ポストを貰《もら》い損ねたという意識があったはずである。信仰に則《のっと》った保守主義を貫いたために職を追われた前交通大臣エルツ＝リューベナハは郵政大臣も兼任していたが、そのあとを襲ったのはナチ党員の郵政次官であった。

交通省でもそうしたナチ党員の抜擢人事が行われてもいいはずだったが、ヒトラーが選んだのは国際的な知名度のある非党員（当時）のドルプミュラーであり、クラインマンは下馬評に名前が挙がっただけに終わった。

もちろん、クラインマンはドルプミュラーにくっついて本省の次官になっただけでも悪くはないと思っていたかもしれない。だが、こうした人事の進め方自体、ヒトラーの関心から鉄道が遠ざかっていた一つの現れであるともいえた。筋金入りの党員をトップに据えるまでもない。戦時輸送については、国防軍やトットがその準備をするはずであった。

ライヒスバーンはしたがって、開戦の準備が着々と進められていることすら、長いあいだ知らされていなかった。ＳＡ制服姿のクラインマンですら、そうだった。

明らかになる輸送力の限界

すでに一九三八年に入ると、ライヒスバーンは「西の壁」とも俗称された西部の対仏要塞線（いわゆる「ジークフリート線」）の建設に駆り出されていた。

「西の壁」建設の責任者は土木・建設工事集団「トット機関」を率いたトットである。トット機関は一九三〇年代当初は徴用労働を、のちには外国人や捕虜などの強制労働を大規模に使った。「西の壁」のほかにも、第二次世界大戦期のさまざまな軍事的土木・建設工事を引き受けていく。

一方、ライヒスバーンはこのとき四〇万人を超える労働者と莫大な資材の運搬を受け持った。そこで五〇〇台近い機関車を当該地域に集めた。だが問題は、スムーズな荷下ろしの施設が、ライン左岸の丘陵地帯にひろがる工事現場に揃っていなかったことである。

現地ザールブリュッケン鉄道管区やエッセン（に戻っていた）西部運営総局は懸命に施設充実と路線延伸につとめ、一九三九年はじめには一日に二〇〇本の列車運行、六〇〇〇～七〇〇〇輌の車輌到着という課題をなんとかクリアした。しかしこうした戦争準備にとりかかりながら、ヒトラーの決断による開戦が間近にあるとはライヒスバーンは意識していなかった。

前年一九三八年の春から夏にかけてのズデーテン危機のほうが、はるかに直接的に戦争への不安をかきたてた。多くの一般国民は、チェコスロバキア・ズデーテン地方におけるドイツ系住民への虐待というプロパガンダ報道には煽られて憤激する一方で、迫りくる戦争への恐怖を隠せなかった。

旧ハプスブルク帝国領内でドイツ系住民の多いズデーテン地方を「回復」するためには、戦争も辞さないという態度をヒトラーはみせたのだが、これには国民の政権への不信感も浮上した。

この不安と不信は、ライヒスバーン当局にも共通していただろう。「西の壁」建設で大わらわのところを、ズデーテン危機に備えた軍事輸送のおかげで、貴重な車輛をはるか南東部に回さなければならないのだ。

だが、これらも九月末のミュンヘン会談におけるヒトラーの外交的勝利が吹き飛ばしていた。英仏の宥和《ゆうわ》政策を引き出したことで、戦争への危機感は弱まったのである。国民のヒトラーへの信望は増した。

併合による鉄道接収の仕事は増えたが、ライヒスバーン当局も一安心は同じであった。

どうやら戦争はないようだ。この一九三八年秋、ライヒスバーンは景気上昇による翌年度以降の輸送増大を見込み、輸送能力の増強を企図している。

おもに一九二〇年代に蓄積した輸送力の予備は、一九三七年ごろには使い果たされつつあった。三〇年代はじめまで車輛の稼働スケジュールは三日周期で安定していたが、三七年には五日になり、三八年にはやや回復したものの四日半で固定してしまった。修繕に回せる車輛の割合も激減していた。

ライヒスバーンは手持ちの車輛をフルに酷使しているため、貨物輸送の遅滞が急増した。列車が行き場を見うしない、二〇年代前半以来久々に大規模な滞貨(バックログ)が発生していた。やがて秋冬の輸送繁忙期にはこれが頻発するようになった。

このころには、ライヒスバーンが輸送需要に応えるには、すでにキャパシティの限界に達しているのは明らかだったのである。

ライヒスバーンの「独立性」

しかし、ライヒスバーンがヘルマン・ゲーリングのライヒ国防委員会に提出した、四ヶ年にわたる車輛大増産の計画は、結局認められなかった。

機関車五五〇〇台、貨車一〇万輛、客車一万輛を建造するため、三二〇万トンにおよぶ鋼鉄の割り当てと三五億ライヒスマルクの予算を要求したが、却下される。結局、その年の実際の鋼鉄の割り当ては要求額の四六％にすぎず、これは前年割り当てよりも二割減ですらあった。

ライヒスバーンが冷遇されたのは、史家A・C・ミアジェイェフスキイによれば、その首脳陣――ドルプミュラー交通大臣とクラインマン次官に、ナチ政権のなかでの政治的交渉力がなかったからである。

ライヒスバーン総裁ドルプミュラーは、第二次大戦後一九七〇年代までの回顧や歴史研究では肯定的に評価されることも多かった。ナチ政府に対して、ドイツ国鉄の独立性をできるだけ守ろうとしたというのである。たしかに、当時の本人や（熱心なナチ党員ではない）周囲の認識もそうであった。

だが、ライヒスバーンの「独立性」とは、裏返せば、鉄道業に対するナチ首脳陣の無関心や軽視のあらわれの一つでもなかっただろうか。ライヒスバーンは、酷使されながらも、蚊帳《かや》の外におかれていたのではなかったか。

資源割り当て要求では、陸軍参謀本部（のち陸軍総司令部輸送担当長官）ルードルフ・ゲルケ（一八八四〜一九四七）のような、鉄道輸送の現状に危機感を抱いていた国防軍サイドの口添えもあった。にもかかわらず、ナチ政権の中枢にいなかった鉄道人たちは、関係省庁間の競争と衝突が常態化した「組織のジャングル」では無力であった。

ライヒスバーン総裁は閣内序列一一番目の交通大臣であったが、そもそも定期的に閣議が開かれず、のちにまったく開かれなくなったヒトラー独裁政権においては、政権中枢にいるナチ高官との人間的な距離がものをいった。

「四ヶ年計画」の元締めゲーリングとドルプミュラー総裁は豪快な酒豪同士、意気投合するところもあった。そのうえ多趣味なゲーリングは、有名な鉄道模型マニアでもあった。だが、「四ヶ年計画」の自給自足計画は壁に突き当たっており、ゲーリング個人の財産こそ膨れあがったものの、その政権内部での影響力には陰《かげ》りがさしていた。しかも、このナチ政権のナンバー・ツーは、「四ヶ年計画」の建設部門における責任を、少し後の一九四〇年にはトットに完全にゆだねることになる。

総統の信望厚いアウトバーン建設の立役者にして「トット機関」の長は、すかさず軍需大臣相当の閣僚ポストを手に入れ、軍事にかかわる生産活動の全般を統括する権力に近づいていった。

開戦の覚悟

ドルプミュラー交通大臣・国鉄総裁は鉄道輸送能力が限界に達していることをヒトラー

本人に力説したが、あまり聞き入れられることはなかった。

この一九三八年冬から翌年にかけても、ライヒスバーンは戦争を現実のものとして意識していなかった。車輛増強計画の柱が、新鋭ディーゼル車の大量導入であったことからもそれがわかる。

もし戦争、とりわけ経済封鎖をともなう長期戦にでもなれば、ディーゼル油（軽油）を必要とするディーゼル車は動きもしない無用の長物になりかねないはずなのに、暢気《のんき》なものだといえる。

年初以来のポーランドとの領土交渉が決裂し、一九三九年四月にポーランド攻撃（「白」作戦）のための準備計画が発動されても、ライヒスバーン首脳はその全容を知る立場になかった。ただ東部方面への軍事輸送急増と頻繁な計画調整への対応に追われるばかりであった。

なおこの頃になっても、ライヒスバーンの技術陣は鉄道高速化に取り組んでいた。

「レール・ツェッペリン」のクルッケンベルクは、ドルプミュラーの承諾をとりつけ、一九三四年に独自の高速列車ＤＲ一三七‐五五を設計していた。「クルッケンベルク高速動力車」、あるいは「飛行列車」と呼ばれ、「飛ぶ銀貨」の愛称もあたえられた斬新なフォルムをもっていた。

安全性を危惧するライヒスバーン中央局との折衝の末に、ようやく一九三八年に試作機が完成し、三九年六月には試験走行で時速二一五キロを叩きだしている。だが、この先端的なディーゼル動車の開発は、中断されざるを得なかった。

ポーランド侵攻が近づくにつれさすがに、総裁、副総裁以下のライヒスバーン首脳は自分たちが開戦の準備をさせられているのだということに薄々気づいた。

七月、すでに懸案事項となって久しい貨物輸送スペースの割り当てを図る会議の席上、クラインマン副総裁・交通省次官はようやく、軍事輸送が急拡大すれば民生用の輸送が犠牲になることを覚悟せよ、という意味にとれる訓示を垂れることができた。

そして八月末までに、ライヒスバーンは貨車一七万輛、客車一万三八〇〇輛による攻撃開始地点までの輸送を完了させた。

第四章　「休戦の客車」と凍える車輌

（一九三九〜四一年）

「ところがある夜、港で騒ぎが起きる。皆さんは尋ねるでしょう、いったいぜんたい何の騒ぎだ？　そして気づくと、わたしが窓辺に立っている。だからいうのよ、あいつはなんだってああ意地悪に笑っているんだ？　そうしたら八枚帆の、大砲五〇門を積んだ船が、街に撃ちかかるでしょう」

ポーランド攻撃開始

ライヒスバーンは輸送力に不安をかかえ、準備不足のまま運命の一九三九年九月一日（ポーランド攻撃開始）をむかえた。

しかし、ヒトラーとその周辺が、開戦直後、鉄道輸送にあらためて考えをめぐらせることはなかったようだ。その必要はないからであった。

そもそもヒトラーには、ポーランド攻撃で英仏を相手取った第二次世界大戦の火蓋《ひぶた》を切るつもりはなかったのではないか、といわれてきた。

英国政府は、ミュンヘン会談での「これ（ズデーテン地方）が最後の領土的要求だ」というヒトラーの言葉を真に受け、宥和政策をとっていた。ところがその後、チェコスロバキア解体や自由都市ダンツィヒ返還要求、「ポーランド回廊（西プロイセン地方の沿岸部に至る地域）」の再調整要求……と、ヒトラーは立て続けに約束を反故《ほご》にする。英国はたまりかねて、ポーランドが侵略を受けた場合には直ちに参戦すると表明した。

だが、それは単なる脅し以上のものではないとヒトラーが楽観していた形跡は、たしかにある。ヒトラーからすれば、英国がポーランドとの自国に全く割の合わない約束を守るはずがないと思えたというのは、ありそうなことである。

九月三日、英仏がドイツに宣戦布告したと聞いて、ヒトラーは側近の前で驚き、いぶかる様子を隠せなかったといわれる。

これに対して、いや、やはりヒトラーはポーランド攻撃の時点で英仏との全面戦争を決意していたという説も有力である。ナチス・ドイツ経済史研究の現代における代表者アダム・トゥーズもこれを主張する。

ヒトラーは、「第二次四ヶ年計画」の行き詰まりで再軍備が長期的には思うようにいかず、英仏、さらにアメリカ合衆国の軍事力にいずれ太刀打ちできなくなるのを知っていた。外貨準備も枯渇しようとしている。待つことによって得られるものは何もない。ソ連との不可侵条約締結で東部の憂《うれ》いをしずめた今、一九三九年の時点でぎりぎり確保できたドイツのわずかな軍事的優位に賭けた——というのである。

外交記録にも、ヒトラーの「大戦」への開戦意志を示すものはある。

ヒトラーの意志がどちらであったにせよ、「大戦」勃発でナチ党内や政権内部にも緊張と動揺が走った。

国内世論も、ついに戦争に突入したことで、ポーランド戦線の圧倒的な戦果にもかかわらず、一時は悲観的なムードに包まれた。開戦により賃金凍結や日曜出勤などの措置がただちにとられ、労働条件がさらに厳しくなったこともある。重工業の現場はすでに過重労働で破綻しかかっていた。

「電撃戦」に鉄道は不要か

この一九三九年、秋は短く、すぐに厳しい冬が来た。そして家庭に届く石炭は不足し、人びとは家の中でもコートで寒さに耐えねばならなかった。暖房ができない学校は休みとなり、事務所も早めに閉めるようにした。鉄道輸送がパンクしていたからである。ルール地方から各地に石炭を運ぶ車輛がすでに足りなかった。

戦時の鉄道輸送力の不足は、開戦当初から目にみえるものだったといえる。だが、「白」作戦によるポーランド攻撃は短期間、限定的なものにすぎなかったから、補給輸送の持続にそれほど気を払うまでもなかった。

たとえ英仏相手の「第二次世界大戦」になったところで、やはり鉄道輸送などがそれほど決定的に重要ということもないようであった。一九四〇年五月にはじまった西部戦線における戦いが、それを証明しているかにみえた。ポーランド侵攻後、英仏とは「贋《にせ》の戦争（フォニイ・ウォー）」「座り込み戦争」といわれる睨み合いがつづいていたが、春になるとドイツ国防軍は三方面から一気に攻撃に出た。

このいわゆる「電撃戦」では、空軍と戦車部隊が主役であり、ドイツ国防軍は機動性に富んだ迅速な攻勢によって、あっというまに敵主力を殲滅《せんめつ》した。英国軍は大陸から遁走《とんそう》する。戦闘開始からおよそ一ヶ月でドイツ軍はパリに入城し、フランスは降伏した。

航空機と装甲車輛が活躍する分だけ、かつての戦場における鉄道の役割は後退したと考えられた。ポーランド戦においては、国境線への配備や作戦行動に使われた列車数は、第一次大戦時の東部戦線で動員された半数にみたない。また、西部戦線での教科書的な「電撃戦」の勝利において、鉄道はほとんど周辺的な役割しか持たなかった。

その後の英国侵攻作戦（「アシカ」作戦）においても、航空機や舟艇をさしおいて鉄道の出る幕はまずないはずなのであった。空軍の戦いで制空権（航空優勢）を確保し、渡海作戦の憂いを断って英国上陸を成功させたとしても、そののちにくるはずの英国本土での進攻の主役も、決して鉄道ではない。

ライヒスバーンと東部鉄道

この間、ドイツ国鉄の人びとは与えられた役をこなしていた。

奇襲にあったポーランド軍は鉄路を破壊しながら敗走したが、ドイツ国防軍とドイツ国鉄・ライヒスバーンがこれを補修、再建した。

三週間で戦闘は終わり、ドルプミュラー交通相はさっそく一〇月には新戦場を視察している。新調させた軍服風の制服制帽に身を包んで、ドイツ軍が架けなおしたヴァイヒセル川（ポーランド名ヴィスワ川）の鉄橋を意気揚々と渡ってみせた。その様子は、他のドイツによる各種のインフラ再建工事と同様、写真に撮られて報道された。

東方に対する戦争においてナチス・ドイツは、ドイツ人の文化的・文明的な優位を露骨に喧伝した。ヴァイヒセル川の最初の鉄道橋は一九世紀半ばにプロイセン王国の鉄道技師が難工事の末に架けたものであり、いまスラブ系民族のポーランド人が破壊したとしても、ドイツ人の力であっという間に直してしまう――というわけであったろう。

ここにみられる人種差別イデオロギーは、やがて多数の現地住民に対する途方もない暴力行使のかたちで発現される。

ポーランド共和国は戦前のドイツとソ連の秘密協定にもとづいて分割解体された。ドイツ占領部分のポーランド国鉄（略称Ｐ・Ｋ・Ｐ）は当然、ライヒスバーンが吸収する。ドイツ・ライヒに併合された領域（シュレージエンと「ポーランド回廊」）ではダンツィヒ鉄道管区、ポーゼン鉄道管区が新設され、従来のオペルン、ケーニヒスベルク両鉄道管区の範囲が拡大された。

これ以外のソ連との協定国境に近接するポーランド中心部には「総督府」が置かれた。そしてここでは、鉄道も「東部鉄道」として総督府が直轄する形をとった。初代総督は、法律家出身の古参ナチ党員ハンス・フランク（一九〇〇～四六）である。

運行の実際はライヒスバーンが担当するが、財政面その他の統治はフランク総督に属する。東部鉄道長官には、ハノーファー工科大学を出たライヒスバーンのベテラン技官で、一九三六年からナチ党員になっていたアドルフ・ゲルタイス（一八八六～一九五七）が、四〇年に副長官から昇進の形で任命された。

東部鉄道はソ連からの鉱油などの戦略的重要物資や、穀物・肉などの食糧をドイツ・ライヒ本土に送りこむ重要な役割を担った。しかしライヒスバーンにとって、東部鉄道は悩みの種となった。権限と設備、資材を総督府に持っていかれる形になったのが面白くないのは、もちろんである。

だが、やがてその存在は、ライヒスバーンの面子の問題というばかりではなくなっていくのである。東部鉄道が引き起こす東欧における鉄道輸送の停滞は、ナチス・ドイツに致命的な打撃を与えるものとなる。
独ソ戦がまだはじまっていないこの一九四〇年前半、それに気づく者はまだいない。

国際的な覇権を目指す

一方、西部戦線での英仏への大勝は、不安な一九三九年から四〇年にかけての冬をすごしたドイツ国民には、解放感と勝利による平和の希望をもたらした。

ライヒスバーン首脳陣も変わりがなかった。絵に描いたような「電撃戦」に鉄道の活躍はなかったが、ドルプミュラー総裁は占領下のパリに赴《おもむ》いた。一九四〇年七月八日、パリ東駅で、集まった多数のドイツ人鉄道員に意気揚々と訓示した。右腕をあげるナチ式挨拶で気勢をあげる写真が残っている。

鉄道の仕事はむしろこれからである。西欧諸国においては現地の鉄道運営がドイツ占領軍とライヒスバーンの管理下におかれ、ほぼ通常の運行が実施された。ドイツ占領地域の拡大とともに、全欧規模での鉄道の国際運行が、ライヒスバーンの手によって実現するかのようにみえた。

すでに一九三二年には「ドイツ鉄道管理体協会」を「中央ヨーロッパ鉄道管理体協会」に改名していた。これは平和的な国際化だったが、ナチス・ドイツになってからの大ドイ

ドイツ軍占領下パリ東駅でのドルプミュラー訓示とナチ式挨拶

ツ・ライヒへの急拡張は、各国鉄道路線の吸収統合と同義である。

　そんなことをすれば、当然得るものばかりではない。さまざまなコストがライヒスバーンにのしかかった。だが、一九世紀・第二帝制期に人格形成した保守的な愛国者であるドルプミュラーなどにとっては、ドイツ鉄道の国際的な覇権という点では、悪くはないところもあったはずである。

　一九四〇年六月二三日、パリに乗りこんだヒトラーは、博物館に保存されていた一台の記念車輛をわざわざ、休戦協定の場に引っ張り出した。第一次大戦の休戦協定締結がその車輛内部でおこなわれた記念に保存されていた「休戦の客車」

を、勝者敗者の立場をかえた今度の休戦協定の舞台にした。フランスへの意趣返しである。一九一八年と同じパリ郊外・コンピエーニュの森で、ナチス・ドイツは敗戦国フランスに休戦条約をつきつけた。調印がおこなわれた「休戦の客車」ことワゴン・リ社製二四一九号食堂車は、そのまま勝利国ドイツの首都ベルリンに運ばれ、ヴェルサイユ体制への復讐を祝って展示された。

占領下パリ東駅ホールで演説するドルプミュラー総裁の胸中にも、戦間期の鉄道の国際間協力においてフランスの鉄道関係者の専横な態度に手を焼いた記憶が、よぎらなかったかどうか。

ドイツ・ライヒスバーンは誕生以来これまで、少なくともドルプミュラー総裁の心づもりでは、第一次大戦前にドイツの鉄道が享受した栄光を再現するために戦ってきた。「ドーズ・バーン」と罵られながら債務支払いの道具となるのも、欧州規模での鉄道の国際協調に遠慮がちに参加するのも、自動車や飛行機といった新時代の交通機関に対抗するためにさまざまな手を打つのも、鉄道高速化競争に血眼になるのも、その戦いであった。成り上がり者の新政府に対峙し、組織に手を突っこまれて有能な部下の多くをうしなう羽目になっても耐えて自分がトップの座を守るのに奮闘したのも、ドルプミュラーにすればドイツの鉄道のためであっただろう。どうもうまくいかない戦時計画経済での政府との折衝も、日常的な戦いであった。

ところがいまや、ナチス・ドイツの戦争と、ドイツ国鉄の戦いとはぴったりと重なり、一致してしまったかのようであった。

鉄道の戦争準備

一九四〇年七月のおわり、ヒトラーはソ連攻撃の準備をひそかに命令した。

ドイツ空軍は、七月にはじまった上陸作戦の前哨《ぜんしょう》戦たる航空戦（「バトル・オブ・ブリテン」）に敗れた。この英国侵攻作戦の行き詰まりを打開するためであった。

一九三九年に締結して世界を驚かせた不可侵条約の相手国・ソ連は、そもそも不《ふ》倶《ぐ》戴天《たいてん》の敵であるはずの共産主義国家であり、同時に大陸に残った英国の同盟国でもあった。これを一挙に屠《ほふ》ることで、共産主義（ボルシェヴィズム）打倒と東方生存圏の獲得という本来のナチス・ドイツの目的貫徹をはかったのである。

命令を受け、国防軍は東部鉄道に路線延伸と輸送施設建設を要請した。ライヒスバーンが運営を担当している東部鉄道は、ライヒと前線を結ぶ兵站《へいたん》線、補給路となるはずである。一〇月末にはライヒスバーン代表は国防軍と会見し、軍事輸送に関する「オットー」計画を詰めた。

それによれば駅の新設や信号等の改善、線路や橋梁の強化といった輸送施設の増設・改善によって、東部鉄道では一日四八〇列車の運行が可能になる。ライヒスバーンは、「オットー」計画の経費の四割程度を負担することになった。

これに先立ち、一〇月はじめには、二三歳以上の鉄道員（官吏職員、雇員、労働者）は武装SSに召集されないことが決められていた。ライヒスバーンの戦争における役割の大きさと、現下の深刻な人手不足がその理由とされた。

秘密裡にすすめられた戦争計画において、総司令部は一九四〇年の年末には次の結論に達していた。侵攻は八週間続く予定で、このため、遅くとも翌四一年四月中旬までに攻撃が開始されねばならない。四一年の最初の数ヶ月以内に、東部鉄道も準備を終えていなければならなかった。

ところが、鉄道の戦争準備は遅れてしまった。

珍しく鋼鉄等資材の割り当ては十分だったにもかかわらず、工事は厳寒と労働力不足のために難渋した。国防軍の輸送責任者ゲルケ将軍は「ライヒスバーンは戦時だというのに平時と同じ調子で仕事をしている」と苛立った。

ゲルケをはじめとする国防軍とライヒスバーンの仲は、このころから悪化する。戦時鉄道輸送においても、お決まりの管轄と権限の争いが生じていた。

「オットー」とよばれる計画

ゲルケは一九四一年春、徴兵された鉄道員を通常士官の直接指揮下におく野戦鉄道管理局（Feldeisenbahn Direktion）を創設した。ライヒスバーンの青い制服ではないという意味でそう呼ばれるようになった「灰色の鉄道員」の出現は、もともとの工兵とは違い、軍隊と鉄道の住み分けの慣例を破るものである。

ゲルケは独ソ戦開戦後の一一月にも戦地・占領地の鉄道業務にあたるライヒスバーン職員を軍の直接指揮下に置こうとして、ついにドルプミュラー総裁と正面衝突する。

開戦前、ゲルケはライヒスバーンに、次の攻撃目標がソ連であることを決してはっきりとは伝えなかった。戦場となるはずの現地の鉄道路線のデータ収集は、ポーランドにいる自分の野戦鉄道管理局にまかせてしまうのである。

新設の軍内部の鉄道組織はわずかな人員しかもたず、彼らの経験も乏しい。このことで、ライヒスバーンなら把握できたはずの、停車場や運行手続き、時刻表など、ロシアの鉄道路線に関する細々《こまごま》とした情報が欠けたままになった。

「オットー」計画は予定の四月中旬をすぎてもなお完了せず、結局、六月一五日までかかった。奇襲による開戦の一週間前である。

独ソ戦については、開戦のタイミングをもう少し早める必要がドイツにはあったといわれることが多い。「冬将軍」に敗れた一九世紀はじめのナポレオンの轍《てつ》をふまないように、ロシアの厳冬が来る前に戦闘を終えられるようにすべきであった。当のヒトラー自身が、戦況が行きづまってからは、死んだ子の歳を数えるようにそう繰り言をかさねた。ユーゴスラヴィアの政変によるバルカン戦役が四月に起きたのが不運だった、という。

だが、一九四一年の春・夏はひどい長雨で、思うような大規模攻勢は結局とれなかっただろうともいわれる。輸送強化が一段落する前に戦争に突入するのが得策だったかどうかもまた、わからない。その後のドイツ軍の軍事輸送は、現実にそうであった以上の停滞と破綻をきたしていたかもしれない。

なお、「オットー」計画の鉄道工事には三万人の労働力が投じられたが、ユダヤ人を含めその大半が強制的にこれに従事させられたものだとされる。

一九四一年六月二二日、ソ連を奇襲する「バルバロッサ」作戦発動。これまでにライヒスバーンは、三万三八〇〇本の列車によって、三〇〇万におよぶ兵員と戦車などの兵器、軍用トラックをはじめとする軍需物資を数千キロにわたるソ連国境まで送りこんでいた。

遠ざかる勝機

ソ連の独裁者ヨシフ・スターリンのヒトラーへの油断は、緒戦におけるドイツ軍の一方的な進撃をもたらした。

独ソ不可侵条約を締結し、ポーランド敗戦後はその中央部以東を手に入れていたスターリンは、ドイツと英仏という「帝国主義国」同士の戦争による自滅を静観しているつもりであった。不思議なほどに、ヒトラーの方から矛先をソ連に向けてくる可能性を考えていなかった。

一九四〇年末以降には、ソ連にとっての西部国境におけるドイツ軍の大規模な兵力集結はあきらかであった。「ゾルゲ事件」で有名なリヒャルト・ゾルゲはじめ各国に送りこんだスパイからも警戒をうながす正確な情報があったのだが、頑《かたく》なにとりあわなかった。一九三〇年代終わりの「大粛清」で七〇万人以上の「政治犯」を処刑していたスターリンには、危機的事態への警告を発する者は猜疑《さいぎ》の対象でしかなかったようである。

一九四一年六月二二日日曜の払暁《ふつぎょう》、大きく三方面からの奇襲を受けたソ連・赤軍は、本来の数的な優位を生かす間もなく、壊滅的な打撃を受けた。第一次攻撃だけでバルト地方、ベラルーシ、ウクライナを失い、二週間で五〇〇キロメートルの前進をドイツ国防軍に許した。七月中には赤軍は体勢を立て直したが、敵にレニングラード、モスクワに迫られた。

ヒトラーと国防軍首脳は早期の勝利を確信した。

だが、この圧倒的な攻勢において、はやくもドイツ軍には手痛い損耗が出はじめた。「電撃戦」的勝利の条件である機甲部隊や空軍は、「大祖国戦争」（独ソ戦の、ソ連側の呼称）を戦う赤軍による、予想を上回る頑強な抵抗に、第二次世界大戦ではじめて大きく傷ついた。戦果を重ねながらも、攻撃目標の選択で意見が分かれるなどの作戦上の乱れもあって、夏のおわりとともに決定的な勝機は遠ざかっていく。

すでに七〜八月のスモレンスクの戦いで、勝利を得たものの、頼みの機甲部隊が著しい損害を受けていた。その傷を癒すことは、約一ヶ月の作戦休止中もできなかった。あきらかに物資補給が不十分になっていた。

輸送が危機的な状況に陥ったのは、破壊された鉄道路線の修復のうち、とりわけ信号や電信・電話網、車庫の復旧が遅れていたからであった。

首都モスクワ攻略でのソ連・スターリン体制の一挙転覆による戦勝を狙った「タイフーン」作戦が、九月末に発動された。モスクワを中心に広がるソ連の鉄道網を抑えることも、攻撃の一つの目標であった。

一時はモスクワ攻略に近づいたかにみえたドイツ国防軍だったが、一〇月初めには例年の秋の長雨によって道路が泥濘《でいねい》化し、進軍に障害が出はじめた。激しい戦いの末に一一月にはモスクワに二〇キロまでと最も近づいたが、補給が滞り、部隊に疲弊が目立った。

一九四一年・冬の失敗

この国防軍を、ついに記録的な厳寒が襲った。零下二〇度をゆうに突破する気温の極端な低下は、燃料の凍結や内燃機関の故障の原因となり、機甲部隊と空軍をしばしば活動停止させた。

夏季装備中心で防寒の備えの足りない兵士たちは、凍傷《とうしょう》に苦しめられた。ロシア兵の外套と毛皮の帽子を奪えなかったドイツ兵は民家を略奪し、女ものの下着も含めてありとあらゆる衣服をまとって寒さをしのいだ。しかし凍傷になってしまえば、ろくな医薬品もないのだ。

一二月には赤軍の反攻が開始された。年末、最低気温零下四二度の異常低温に苦しむ国防軍はモスクワ近傍から押しかえされ、首都攻略は頓挫した。

「電撃戦」の生みの親として有名なハインツ・グデーリアン（一八八八〜一九五四）はこのとき中央軍集団第二装甲軍（パンツァーアルミー）を指揮して、南方からモスクワ突入をうかがい、果たせなかったといわれる。月末一時帰国し、ヒトラーにモスクワ攻略作戦の中止を意見具申したが、その理由は戦闘以上に補給不足のなかでの越冬による損害が目立つというものだった。

ほとんどの兵士が夏服しか着ていないのだとグデーリアンは訴えたが、ヒトラーは信じ

酷寒に苦しむ五五形機関車（ベラルーシ、1942年2月）

ようとしなかった。「でたらめをいうな。陸軍補給局長は、冬服が支給されたと報告してきているではないか」。グデーリアンは、衣料品の詰め込まれた大きな貨物が、長期間ワルシャワの駅に放置されたままであると答えた。

　翌年二月、ヒトラーはゲルケとクラインマンという、国防軍とライヒスバーンの責任者二人を呼びつけ、激しい言葉で叱責《しっせき》したという。

　交通省次官クラインマンがデスクで苛立ち、頭を抱える日々が続く。ブレストからミンスク間というポーランド総督府を通る路線で大規模な輸送停滞が生じていた。あきらかに車輌自体も不足していた。

一九四一年から四二年にかけての冬、第二次世界大戦の思わぬ形での進行が、鉄道輸送に対するヒトラーたちの認識を否応なく改めさせていた。長期にわたる戦争遂行に鉄道がもつ決定的な重要性に、ナチ要人も国防軍も気づかざるをえなくなる。

輸送が麻痺してしまった東部鉄道をどうするかに、ドイツの戦時輸送の成否がかかるようになった。問題は、ありとあらゆる物資――糧食にせよ、石油・石炭、資材、あるいは武器弾薬にせよ――は、すべてドイツ・ライヒから、占領地の国防軍に運ばなければならないことだ。

だが、あきらかに鉄道輸送の失敗が生じていた。各地の軍集団は計算上、一日平均で七五本の列車を必要としていたが、その要求はよくて最小限充たされているにすぎなかった。多くの箇所で、補給線が切れている。

どうしてそんなことになったのだろうか。

立花次郎技師の報告

ドイツ国防軍には、鉄道の効果的な運用が必須となる地理的に大きな規模での遠征に、もとより経験が乏しかった。

独ソ開戦前に国防軍で議論されたのは、ソ連の鉄道がロシア帝国以来、多くは広軌（一五二四ミリ）の線路を使用している点である。ドイツおよびヨーロッパ中心部の鉄道の軌間は標準軌（一四三五ミリ）であり、ソ連領内に深く進攻した国防軍に補給するには、ドイツから直接ライヒスバーンの列車がそこに運んでくるわけにはいかない。

結局、退却する敵が遺棄するだろう機関車や列車を使うことにした。そもそも「バルバロッサ」作戦は数週間の短期戦でソ連を崩壊させるものであり、いざ戦争が始まってしまえば、自動車や馬匹《ばひつ》による輸送もあわせれば何とかなりそうなものであった。

まず当てが外れたのは、潰走したはずの赤軍が鉄道施設をほとんど破壊するか持ち去っていたことである。

開戦から一週間後の一九四一年六月二九日、赤軍の退却にさいしては敵ドイツ軍に一台の機関車、一台の車輛も残してはならないという命令が出た。作戦の当初こそドイツは相当の機関車や列車を鹵獲《ろかく》できたが、すぐに赤軍の撤去作業は巧妙かつ徹底的になった。ソ連は機関車の一五％程度をうしなっただけであったらしい。

独ソ戦中、一九四二（昭和一七）年に（日本にとっての）中立国ソ連経由で戦時下のドイツから日本に引き揚げた鉄道技師・立花次郎（当時、鉄道省建設局勤務。一九〇七〜七九）は、帰国後、東亜研究所での講演で以下のように述べた。

当時の「支那事変」（日中戦争）でも蒋介石軍が撤退時には日本軍の進む方向の線路車輛

> を撤去してしまったが、同じことをソ連・赤軍は全部やったという。
> ……これはむつかしい事であって、いよいよ危なくなって車輛線路等を後送させようとしても、逃げたい連中が反抗して工兵等をせっつける。ところがソ連は徹底してこれをやっている。それでドイツの去年（一九四一年〔引用者〕）の記録等を見ると、レール等は八〇パーセント近く撤去している。枕木等も二〇パーセント位撤去して持って行っている。……停車場辺りに行って車輛とかレールが取れるだろうと思って行って見ると、動ける車等は全部後送している。レール等も引きはなして何もなく野球のグランドのようになっている。これはかなわんということで、非常に戦争計画が狂ったそうである。機関車等も去年の一〇月迄の記録であるが、一五〇〇輛取ったが、修繕して使えるのは四〇〇輛しかなかったという。（表記は現代仮名遣いに改め、句読点を補った。以下同）

「野球のグランドのようになって」など、見てきたように上手く形容するものだともいえる。この話を立花が聞いたとすればドイツ人からだろうが、彼らがものごとを野球などという馴染みのない球技にたとえたはずもない。

立花は後年、戦後日本の国鉄職員として「民衆駅」（ＪＲ民営化前の国鉄時代、官民相乗りで大規模商業施設を備えた駅ビルディングを開発することをこう呼んだ）という、いかにも戦後風の卓抜な表現を創始したといわれるだけあって、表現力に富んでいたようである。

輸送破綻はなぜ起きたのか

ここでの細かい数字の信憑性はともかく、立花技師はたしかに、ソ連の対独戦がどのような地理的スケールで展開されていたかを、ソ連経由の帰国時に実見している。

> 私が今度帰る時もノボシビルスクからチタまで四日間であるが、沿線に上が焼けて台車だけが残った車がおいてある。何するのかと思って聴いてみると爆撃なり砲撃なりで上が焼けたものを持って来て、何はともあれ持って来て、これをぼつぼつ黒竜江沿線、この辺に持って来てこの辺は材木が沢山あり輸送が現在閑散であるから黒竜江沿線で修繕して、そこの木材等を積んで西の方に返してやる、そういうことをやっている。

こうして鹵獲車輛の大量使用が困難になると、ライヒスバーン保有の標準軌対応の車輛でまかなうために、広軌から標準軌に線路を付け替える作業が必要になる。線路を敷きなおす作業はおもに鉄道工兵部隊が指揮し、大量の労働者を使役した。線路を九センチ内側に寄せるか、あるいは引きはがされたレールを新しく敷き直す重労働の作業は、一〇キロすすめるのに一日がかりである。

それでも一九四一年末までに一万五〇〇〇キロの線路の軌間変更が完了した。なおドニエプルから東側の線路は広軌のままであった。

ライヒスバーンの列車は零下四〇度以下には対応していないため、機関車の油が凍結する事態が避けられなかった。屋根のない機関車庫が多く、オイルポンプやシリンダーの部品、給水温器といった機器が凍りつき、およそ七〇%もの機関車が壊れた。

ソ連・赤軍は鉄路だけではなく関連施設も破壊していった。給水塔も壊されているので、水が必要になった場合は厚い氷を割って水を汲まねばならないのだが、その水が悪いために機関車が故障するというようなことも起きた。多数の列車が立ち往生するのは無理がない。ベルリンから霜防止設備の指示ができるようになったのは、ようやく一九四二年に入ってからであった。

工兵が本体の進軍についていく以上、残された信号機や電信・電話設備、車庫、操車場などの運行に必要な設備の修繕は、野戦鉄道管理局と現地ライヒスバーン鉄道総局の仕事になった。競合的なこの二つの鉄道監督局は、ともに人員も装備も乏しい。

こうしたメンテナンス作業がたとえ終わっても、人力による頻繁な貨物積み替え作業の非効率はなお残った。

くわえて、機関車や車輛の絶対量の不足があきらかになった。一九三〇年代のライヒスバーンは、質量ともに不本意な、低調な投資に甘んじさせられてきた。それがここにきて祟《たた》った形である。

一歩兵師団の輸送には五〇輛編成の列車が三、四〇本必要であり、機甲部隊の輸送ならばその倍の本数が要る。それだけの車輛の用意が、ライヒスバーンにはとても十分であったわけではない。とりわけ機関車の増産が急務であるのがすぐにわかった。

赤軍の鉄道輸送

戦いはドイツだけがやっているのではない。ソ連の鉄道との比較が必要だろう。ドイツの鉄道の輸送力は、ソ連にくらべて最初から大きく見劣りしていたようである。

ソ連の鉄道運行は、交通路人民委員部（ＮＫＰＳ）のもと完全に一元化されていた。鉄道が軍事輸送の中心であることは平時から当然視された。戦時の輸送においても、後方支援を一手に握った赤軍軍事輸送中央局（一九四三年一月末までＵＰＶＯＳＯ、その後改組されて

TsUPVOSO）が密接に協調することで、交通路人民委員部が鉄道運行全般をとりしきるという原則は守られる。

独ソ戦開戦当初、ソ連赤軍の軍事輸送は大混乱に陥ったが、七月以降立て直しがはかられた。ソ連国家防衛委員会（GKO）は中将A・V・クルレフ（クルリョフ）（一八九二〜一九六二）を長とする軍需最高委員会（GUTA KA）を置いて権限を集中させ、同時に補給業務（VOSO）の担い手として上記の赤軍軍事輸送中央局を置いた。

戦争を通じて赤軍軍事輸送中央局の働きはめざましい。一九四一年から終戦時四五年まで、同局とその関連部局は、武装車輌を除いて一九七〇万以上の鉄道車輌を動かした。モスクワ、スターリングラード、クルスクなどの大きな戦いの準備では、中央の指令下に同時に一五〇〇〜一七〇〇本の列車が前線と後方を行き来している。

国家防衛委員会は軍事輸送の強化を図るために、戦中にも頻繁に組織改編をおこなったが、交通路人民委員部が実際的な運営業務をとりおこない、その上にクルレフがいることに変わりはなかった。ロシア革命ではボリシェヴィキとしてサンクト・ペテルブルクの工場をオルグし、内戦中には軍政治委員をつとめた男である。

独ソ戦に先立つ時期、独裁者スターリンによる「大粛清」は赤軍の優れた幹部・将校をほぼ消滅させてしまっていた。これが、緒戦以来の赤軍の苦戦の原因の一つとなった。クルレフが「大粛清」の嵐を乗り越えていた意味は、ソ連にとって大きかったといえる。

クルレフは、ドイツでいえばゲルケ、（国防軍の後方補給の最高責任者エデュアルト・）ヴァーグナー、ドルプミュラーの役割を統合しており、経済的な指示内容ではシュペーアの面も兼ね備えていた。（Davie, H.G.W., "The Influence of Railways on Military Operations in the Russo-German War 1941–1945"）

こうした権限の集中と効率化の試みは、東部において、ライヒスバーン、野戦鉄道管理局、東部鉄道といくつもの主体が管轄を争ったドイツの軍事輸送とは対照的であった。ポーランド総督府を通る路線がとくに輸送力が低いが、ここにもライヒスバーンと東部鉄道の錯綜した関係が影を落としている。

経済的統一性の確保

総督府の管轄下におかれた東部鉄道から資材と人員をとりもどすために、ドルプミュラー交通相はヒトラー総統に陳情し、あるいはたびたび東部戦線近くまで視察出張に出ることになる。フランクとの直談判も辞さなかった。だが、あまりうまくはいかない。

こうした権限の集中という点以外にも、ソ連の鉄道運行はきわめて実際的であったといえる。たとえばライヒスバーンは貨物列車の運行速度も多様性に富んでおり、その分、信号や路線施設も複雑になってしまったが、ソ連の貨物列車はほぼ一律時速二九キロを維持することでこうした面倒を避けていた。交通路人民委員部の統治下、一九二〇年代後半以降のソ連の鉄道は輸送量を急速に伸ばし、総トン・キロはすでに三〇年にはアメリカ合衆国を上回っていた。

ふたたび立花技師の講演の言を借りれば、一貨物列車で輸送する貨物量は、アメリカ合衆国では五〇〇〇トンにおよぶが、技師が帰国時通過したソ連の中央アジアといった僻地でさえも輸送単位三〇〇〇トンを超えるものがあったという。

ところがドイツでは、一個列車で輸送量は一二〇〇～一三〇〇トンにすぎない、と立花技師はいう。もしこれが正しければ、単純計算すれば、同じ量を運ぶのにドイツの鉄道は本来、ソ連の倍以上の車輛が必要だったことになる。

ソヴィエト・ロシア経済史研究の権威マーク・ハリソンは、一人当たり所得でみたときに裕福な国とはいえなかったソヴィエト・ロシアが敗北を免れたのは、何よりも「経済的インテグレーション（統合、一体化）」を可能にする経済システムのおかげだったとする。「大祖国戦争」を国民一丸となって戦うソ連の強権的な政治体制と中央計画経済は、徹底した資源の戦争目的への利用すなわち動員のために不可欠の、「インテグレーション」を可能にした。

この点で、ナチス・ドイツですら独ソ戦初期まで、この経済の統一性確保（「インテグレーション」）になお欠けるところがあった。またそれを可能とする具体的な手段のひとつが、鉄道をはじめとする輸送であったが、ドイツはそこでもソ連に及ばなかったのである。

ドイツ鉄道の本質

ドイツが輸送量を増やすには、より大型の貨車を使うか、列車の本数を増やすか、あるいは車輌連結数を増やさなければならないわけだが、立花技師によれば、そこでドイツの鉄道が一九三〇年代以降も自動連結器を導入していないのが問題なのであった。

自動連結ができなければ、大単位の貨物列車は実現不可能であるという。それまでのネジ連結器は連結作業が危険であるばかりか、引張《ひっぱり》強度はよくて一五トン程度にとどまり、強度不足で連結器折損《せっそん》がしばしば起きた。多連結列車の急勾配での運行などは難しい。

そこでアメリカ合衆国では一九世紀末から自動連結器が開発され、二〇世紀初めからこの強度六〇トン以上の自動連結器が普及した。ソ連でも、「最近のを見るとほとんど半分位自動連結器になっているのではないか」という。日本でも大正一四（一九二五）年七月一七日、当時の国鉄が自動連結器への一斉交換に成功していた。

ところがドイツはじめ欧州の鉄道業では、一方で合理化や労働環境改善が叫ばれながらも、この自動連結器の採用はほとんどすすんでいなかったのである。

もっとも、自動連結器の意義については、日本人技師の見解は少し割り引いて考えたほうがいいかもしれない。

第一次大戦後の「四大国」の一つだった日本だが、労働条件の悪さを日ごろ国際連盟などで叩かれていた。ところが、自動連結器への切り替え成功のおかげで、翌年にはＩＬＯ（国際労働機関）内の会合の席上、逆に車輛連結に従事する鉄道労働者の安全性を高めるように欧州にいってやる側に立てた。

一九三六年になってすら、日本の成功例を専門家が見学に来るならば歓迎するむねＩＬＯで発言できている。大日本鉄道人の得意思うべし、であり、数年たってからの立花技師の見方もこれに引っ張られているところもあるだろう。

とはいえ、自動連結器の導入がドイツで遅れていたのは事実であり、その理由についても、日本の鉄道人の見解はほぼ一致していた。それは、ドイツの鉄道のある本質を見抜いて正確であった。

ドイツはじめ欧州の鉄道運行の国際性である。自動連結器先進国は、アメリカ合衆国にせよ日本、ソ連にせよ一国で路線が独立的であり、ほぼ一斉に取り換え作業をすすめられた。だが、国際輸送が一般的なドイツはじめ欧州各国で、二〇世紀前半という時期に一斉工事は不可能であった。

自動連結器への取り換えについては、ILOもフランスに本部をおく世界鉄道連合もそれぞれ国際的な専門委員会をつくり延々と議論した。だが、取り換えに生じる莫大なコストに世界鉄道連合の経営側が二の足を踏みつづけたため、第二次大戦前には話が流れてしまったのである。

大型の車輛を走らせるにせよ、また別の新技術を導入するにせよ、こうした鉄道の国際性、多数の比較的小国の路線分立は影響してくるはずであった。孤立し、自己完結性が高い鉄道網をもつソ連に比べて、中欧という地理的位置にあり、いわば欧州に開かれて発展を遂げたドイツの鉄道は、「インテグレーション」の実現という点で、動員の端的な手段である軍需輸送についてもハンデを抱えざるを得なかったといえる。

これを解決するためには、なんらかの形での欧州規模での統合がなければならなかった。その欧州統合は、一九四一年以降、きわめて暴力的な形でナチス・ドイツによって今や実現されようとしているかにみえた。

第五章　戦時機関車と超広軌鉄道

（一九四一～四三年）

「それから一〇〇人の男たちがお昼には上陸するでしょう。物陰に押し入って、一人残らず家から引っ張り出して鎖につないで、わたしの前に引き出すわ。そして訊くでしょう、どれから殺しましょうか？　この真っ昼間に、港はしんと静まり返るでしょう。誰が死ななきゃならないのか、と訊かれたら」

収奪のドイツ

一九四一年から四二年夏にかけて、独ソ戦は不安を抱えながらもドイツの勝利の様相をみせていた。四一・四二年冬の輸送破綻は関係者の懸命の努力で何とか最悪の事態を脱し、すでに三〇万を超えるおびただしい戦死者を出しながらも、ドイツ国防軍は深くソ連領内に侵入して戦っていた。

一九四二年前半、ナチス・ドイツの勢力は、ほぼ欧州大陸全域に及んだといってよい。四一年一〇月に早々と対ソ戦の戦勝宣言を出し、その後も勝利を疑わなかったヒトラーは、戦後欧州経営を考えはじめた。

戦勝ムードのなかで、欧州「新秩序」や広域経済圏といったスローガンは、ナチ政権の内部から唱えられた。欧州大陸単位の自給自足圏というわけである。

一九四一年一一月にはゲーリングの後任経済相ヴァルター・フンク（一八九〇～一九六〇）が演説し、「ドイツの目的は欧州各国の経済力を向上させるとともに、相互に物資の交流を円滑ならしめ、しかも欧州広域経済圏参加国全部の利益を平等に考慮することにある」云々とした。

しかしそれが、「欧州連邦」「欧州連合」というようなものではないことは、誰の目にもはっきりしていた。ドイツの占領統治政策を管轄する東部占領地域相になっていたアルフレート・ローゼンベルク（一八九三～一九四六）は、ナチの代表的イデオローグとみなされてきたが、一九四二年九月には党機関紙『フェルキッシャー・ベオバハター』紙上で、きわめてあけすけに書いた。今次大戦ではドイツ国民が戦地では血の犠牲を払い、銃後では欠乏に耐えている、と正直ともいえる現状認識を記すが、これに続けて、

> 従ってかつてドイツの敵国であった占領地諸国がさらに大なる犠牲を要求されるのは当然である。……ドイツとその同盟国のみが新秩序に対し要求する権利をもち、占領地諸国はこれを援助する義務をもつ。

この本音にしたがい、ナチス・ドイツは占領地域からの資産や物資の収奪を大々的におこなった（それにしても右に引いたローゼンベルクなどの言葉は、昭和一八〔一九四三〕年に日本で出版された『ドイツ戦時経済大観』という書籍に引用されたものである。同盟国要人のそれとはいえ、こうした言説を当時太平洋戦争下の日本人がまったく無批判に、むしろ当然のものとして受け取っていたかもしれないのは、どう考えるべきだろうか）。

金額で計算して最大の収奪相手は、フランスをはじめとする西欧諸国であったとされる。

ドイツの支配下におかれた諸国は、ドイツ軍撤退までに総計一二〇〇億マルクを貢献させられたという計算がある。ナチス・ドイツは戦費の二割程度を奪った金でまかなったことになる。

また占領地の工業施設を計画的に買収・接収していった。フランスやチェコの重工業プラントを吸収した「ヘルマン・ゲーリング工場」は世界最大の企業になったが、その他のドイツの民間企業も、外国企業の合法的強奪に熱心だった。

あるいは食料や衣料など消費財の流入で、ドイツ国民の生活水準の低下をできるかぎり押しとどめようとした。もちろん、市民の消費生活の急速な破綻でドイツ革命をまねいた第一次大戦敗戦の経験をくりかえしてはならないからだった。

生活水準の低下と労働力不足

ナチス・ドイツにおける市民の消費は一九四二年ごろから目に見えて不自由になった。鉄道による移動についても、交通省次官の交代でライヒスバーンが新体制になった四二年以降は、市民の不要不急の旅行は控えるように呼びかけるのが目立った。四二年秋のライヒスバーンのポスターの一つから引用する。

「旅などするな！」と書かれた戦時中のライヒスバーンのポスター

　安心なところにいなさい。短かろうと長かろうと、旅などするな！：ドイツ・ライヒスバーンは空爆危険地域から何十万人ものひとを受け入れ地区に運ぶのに懸命です。それを考えて！　旅をするなら、ただ勝利に役立つときだけに！／ドイツ・ライヒスバーンは戦争遂行に尽くしています。あなたの旅行よりも、以下の輸送のほうが重要です。兵器産業に原料を、故郷へ食糧を、前線に武器を。

とはいえ、飢餓が心配されるようなレベルでの生活水準のはなはだしい低下は、ドイツ国内では敗戦直前の一九四四年ごろまで起きていない。四四年には戦前の七割程度にまで消費水準が低下したが、日米開戦後またたく間に生活水準が下がった日本とは異なる点であった。

また、深刻化する労働力不足には占領地からの労働移入で対処した。

一九四一年中には、膨大な軍への動員があるため、国内労働力を男女問わずほぼ使い切った。そこでさらなる労働強化の一方で、外国人労働者に重点を移した。

一九四二年二月には、外国人労働者は二五ヶ国から二一四万人、という数字が当時から公表された。実際には、すでにドイツの全労働力の一割を超える四〇〇万人もの外国人労働者がいた。この数字は大戦期間をつうじてさらに跳ね上がる。最終的にはおよそ八〇〇万人弱だが、これをはるかに上回る数とされることもある。ドイツの労働人口の少なくとも四分の一ないしは四割超が外国人労働者であったとされる。

大戦末には農業労働力の五割弱が外国人労働者であり、鉱山労働、金属労働、建設労働の現場ではおよそ三分の一を占めていた。どの作業現場でも、この貴重な労働力を奪い合った。この間、ポーランド人の労働力が全体でも比較的多数を占め、特に農業労働が目立った。またフランスも、ドイツが収容した捕虜の帰国と引き換えにそれに数倍する熟練労働力を金属工業などに提供した。

ドイツが占領したソ連領でも、精力的に労働力狩り出しがおこなわれた。これらの供給も不安になってくると、捕虜労働に大っぴらに手をつけた。ソ連が戦時捕虜の扱いに関するハーグ陸戦規定（一九〇七）やジュネーブ条約（一九二九）に調印していなかったことが、ドイツの国際協定無視の根拠とされた。五七五万人を超える莫大な数のソ連人捕虜のうち三七〇万人が死んだが、一〇〇万人はライヒ（ドイツ本国）に連行され、工場や炭鉱、農地で働くことになる。ソ連からの労働者数は、ポーランドを抜き、全外国人労働者の四割程度を占めたらしい。

外国人労働者の待遇

外国人労働者の待遇は過酷であった。また、ナチス・ドイツの人種イデオロギーに応じて、国籍によって露骨な差別を設けていた。スラブ系の男性外国人労働者がドイツ人女性と性的な関係をもった場合、「人種汚染」として死刑が適用された（一方で女性労働者に対する性暴行は常態化していたともいわれる）。

連合国側の「ドイツはさながら巨大な奴隷市場に等しい」という非難を、ドイツ当局は絵空事のプロパガンダだと否定し、労働法にもとづいて保護が行われていると主張した。だが、「絵空事のプロパガンダ」がどちらだったかは明白である。後世の研究調査で、それがはじめて露《あら》わになったというわけでもない。当時ドイツに住む人々も、皆それを知っていた。

　こうした周辺地域からの搾取の欠かせない機構として、ライヒスバーンとその鉄道網があったことはいうまでもない。東方からの労働者（オストアルバイター）を載せた特別列車が、ユダヤ人を東方のゲットーや収容所に移送する特別列車とすれ違った。

　ライヒスバーンは占領地の破壊された鉄道施設の復旧に力を注ぎ、また広範囲で統一的な「欧州新交通計画」の枠内で、開発の遅れていたバルカン半島やヨーロッパ・ロシアの一部地域の鉄道路線の整備、電化計画などを支援した。

　しかしそれも、それら地域から住民と物資をドイツに奪いとるための作業にほかならなかったのである。ルーマニアの油田や独ソ戦で手に入れた北コーカサスの産業地域ならびにウクライナの穀倉地帯から物資を運ぶのは、鉄道の任務である。路線整備の計画がすすめられなければならない。

　そもそもライヒスバーン自体、多数の現地鉄道労働者を使役する組織となっていたのは、占領下ポーランドについてみたとおりであった。前線に送られる鉄道員の数が増えれば、外国人労働力の必要はさらに高まった。そして東方からの物資運搬のための路線整備には、ふたたび莫大な規模の労働が投じられるだろう。それは「奴隷以下」的なものになる。

超広軌列車の幻影

ヒトラーが勝利の夢の果てに思い描いていたのは、こうした強欲を剝き出しにした、ある意味即物的な収奪のシステムにとどまらない、（アンチ・）ユートピアであった。

残酷な本質は変わりがないものの、国民社会主義者ヒトラーの空想的な世界観そのものを、この地上に現出させようというのであった。一言でいえば、人種的に「清浄化」されたヨーロッパの建設。ドイツ人が支配する、東方に拡大された巨大なドイツ・ライヒである。

北方ゲルマン系を人種主義社会の頂点におき、ラテン系やバルカンの諸民族を劣位の共存者とし、これらと最劣等のスラブ系人種との地理的境界をウラル山脈に置く。ロシア西部とウクライナは、「ドイツにとっての（大英帝国領）インド」である。

ここに広大なドイツ人植民地を形成し、支配民族としてのドイツ人が、英国を含む西欧・南欧の同盟国をしたがえつつ、直接・間接にヨーロッパ全土を支配する——というものであった。ウラル以東の「滅びゆく」スラブ世界からは、ヨーロッパ経済を統合支配するドイツの産業のため、奴隷的な移民労働力が引き続き供給される。そのプランの中に、ドイツ化された欧州を貫く、巨大すぎるほど巨大な鉄道路線の構想が含まれていた。

一九四一年秋、軍需相的な役割を担っていたトットは、東方からの獲得物資を運ぶための超広軌路線の建設をヒトラーに進言した。すでに独ソ戦ははじまり、長期化の匂いがしていた。危機感を抱いたトットとしては、戦争継続のため、東部の石油や金属などの資源を運ばなければならない。

これを受けてヒトラーは、ライヒスバーンのドルプミュラー総裁に計画にとりかかるよう指示した。これが一九四一年秋から年末にかけてのことであるらしい。

ヒトラーとトットはすでに開戦前の一九三八年には、東方への広軌路線の構想を話し合っていたともいわれる。また一説によると、ヒトラーはすでに三四年ごろには鉄道路線の広軌化という構想をもっていたという。いずれにせよ、首都改造計画と同じく現実の裏付けに乏しい、夢想にとどまるものであろう。

一方、広軌ではなかったが、ライヒスバーンのドルプミュラー総裁も一九三八年には、オーストリア（オストマルク）・リンツの製鉄工場に東方からの資源を持ってくる新路線の必要に言及していた。大ドイツ・ライヒとして、鉄道路線の整備拡張の必要があるのはたしかであった。

しかしヒトラーの命令を受けたライヒスバーンは、超広軌鉄道建設計画にはまるで乗り気でなかった。例によって、と書きたい気もするが、これは無理もなかった。一九四一・四二年冬の輸送破綻が目前に迫り、ライヒスバーンは多忙であった。

戦前の独ソ交易が崩壊した以上、鉄道の専門家たちからすれば、東方との輸送問題にはもっと現実的な対処が必要であった。コストがかかり、既存路線との連絡に問題が生じる広軌切り替えではなく、標準軌での路線整備がのぞましい。これとは別に、欧州規模の路線電化など、ライヒスバーンには当然それなりの計画があった。

また一九四一年冬の東部戦線における輸送破綻が起きてからは、ライヒスバーンは懸命にそこからの回復につとめねばならなかった。クラインマン次官は悲鳴をあげていた。技術面をとりしきるライヒスバーン中央局やライヒ交通省担当課はさまざまな作業に追いたてられた。

ヴァーグナーとヴィッテ

輸送破綻は、すでにライヒスバーン高官に過酷な処分を受ける者を出す事態になっていた。一九四二年二月末には、キエフとミンスクの両鉄道総局長が解職のうえ逮捕され、SSの手によってザクセンハウゼン強制収容所に一時送られた。ドルプミュラー総裁の東部鉄道視察出張にあてつけたようなタイミングであった。

一五〇年に一度のロシアの厳冬に対して、車輌・設備を守る方法を考えなければならない。また機関車の増産が急務となり、工程の極端な単純化と資材の節約をねらった量産型の「戦時機関車（戦時蒸気機関車）」を設計、ようやく大量配備に成功した。

代表的な戦時機関車五二形の設計をおこなったのは、当時のライヒスバーン中央局（RZA）機関車製造課長フリードリヒ・ヴィッテ（一九〇〇〜七七）である。

高速機関車〇五形も設計した中央局の技師長リヒャルト・パウル・ヴァーグナーの、一九二六年以来のスタッフであった。三三年にはベルリン鉄道管理局の機械第三局長、三七年にはナチス・ドイツで国家官僚機構に戻ったライヒスバーンの、ベルリン鉄道管理局第二一局（機械技術的運行業務設備部門）に就任した。

鉄道技官には珍しく転勤がなかったが、第二一局では機関車製造に引き続きタッチするとともに、首都改造計画（「ゲルマニア」計画）の鉄道にかかわる計画にも五年間を費やすことになる。前述の、ライヒスバーン建設特別管理局（RBauD）勤めである。

この一九三七年には、恩師ともいうべきヴァーグナーと、機関車設計をめぐる意見の相異から徹底的に対立している。アメリカ合衆国視察の経験から、ヴィッテは機関車製造のいっそうの現代化を志向するようになっていたが、すでにスタイルを確立していたヴァーグナーはこれに反対する。かつての部下をライヴァルとして意識するようになっていた。

ナチと反りが合わなかったヴァーグナーは、独ソ戦の最初の冬に輸送破綻が起きて以来、その責任の一端を問われた。それとは逆に、一九三七年にはナチ党に入党し、「ゲルマニア」計画でシュペーアの知遇も得ていたこともあって、ヴィッテの立場は好転した。

戦時機関車

一九四二年、六〇歳そこそこで半強制的に引退させられたヴァーグナーの後任として、四二歳のヴィッテは中央局における機関車設計・製造の責任者となっていた。

一九四二年に第一号機が完成した五二形が、制式採用された最初の戦時機関車である。かつてヴァーグナーが設計した統一機関車（制式機関車）五〇形をもとに設計された。従来の制式機関車では当然とされていた大型除煙板や給水加熱器、シリンダー安全弁、車体の手すりなどを撤去してしまった。

仕上げも必要最小限にとどめ、電気溶接を多用して工作時間と人手を節約、資材も鋼に代えて合成樹脂を一部で用いるなど、徹底的な資源節約と省力化をはかった。この結果、必要資財を一台あたり一〇〇〇キログラムから二〇〇キログラムに削減できた。

のっぺりした車体のこの機関車は、のちに短冊形の小型除煙板「ヴィッテ式風導板」を

戦時機関車五二形のモデルとなった五〇形二九〇五号

とりつけたりする改良をくわえつつ、終戦までに六〇〇〇台以上つくられている。同一機種の短時間の量産としては世界記録だったという。

　最大運転速度を前進・後進ともに時速八〇キロに揃え、転車台を用いて機関車の方向転換をおこなう労力と時間を節約したのも、とくに後進時の寒気の流入をおそれて運転室を密閉式にしたのも、東部戦線への配備を第一に考えてのことだった。

　一九四三年初夏には、ヴィッテ設計の四二形が第二の戦時機関車としてお目見えした。これは「四四形の汽缶に五〇形ないし五二形の車体を組み合わせたもの」であった。あらゆる部分に最大限の簡略化がくわえられた。

　ヴィッテらが取り組んだ一連の機関車製造の徹底省力化は、いわば官許の粗製乱造であったかもしれない。だが、戦時においては、その必要性はライヒスバーンの技師たちの目にもあきらかだった。

ところが、超広軌鉄道の場合は、その「必要性」がまったくわからないのである。ヒトラーがロシア南部の水陸交通の要衝ロストフまでの軌間四メートルという超広軌路線の敷設を考えていることは、一九四一年年末以降には国鉄内にも伝わってきたが、それはまだあまりに漠とした指示にすぎなかった。きちんとした計画をたてようがないではないか。

また、国防軍も軍事的観点からは広軌鉄道計画がほとんど無意味だと考えているのもわかっていた。この件に関しては確たる意見をいわないゲルケ将軍との話し合いで、ライヒスバーンは「我々の観点からは実現は論外」という思い切った言葉を使っている。

ライヒスバーンにおけるこうした考えの持ち主の代表が、一九三二年以来、ライヒスバーン理事として営業・建設部門を統括してきたマックス・ライプブラント（一八八二〜一九四六）であった。当時の肩書は交通省局長。名誉博士号をもつ、国外にも知られた鉄道技術者で、「ライヒスバーンの灰色の枢機卿」「ライヒスバーンのシェフ・プランナー」と呼ばれた実力者である。

ライプブラントは専門家として、ヒトラーがうちだす空想的な建設計画には批判的だった。すでに「ゲルマニア」計画やミュンヘン都市計画に参与してヒトラーお気に入りの建築家たちと協働していたが、巨大な中央駅の建設で目をひく非現実的な鉄道計画に、専門家の実際的な観点から修正を入れるのが役目である。

シュペーアなどにとっても、やりにくい相手であったのではないだろうか。一九四二年三月から四月いっぱい、ライヒスバーンは超広軌鉄道についてほとんど何も動いていなかったのである。

このころにはライヒスバーンは急務だった輸送回復に何とか目処をたてていた。崩壊の危機にあった東部戦線自体が、冬を乗り越えて持ちなおしている。

超広軌鉄道路線を総統に提案したトットは、去る二月に急死していた。トットの後任に座ったシュペーアは、ドルプミュラー総裁に三月にはまた総統の超広軌鉄道構想について話をしたが、「シェフ・プランナー」ライプブラント以下のライヒスバーンは、この漠然とした「論外」の構想にはあいかわらず距離のある態度を取っても構わないようであった。

この状況が五月末に一変する。

兵站線断絶の責任

一九四一年末、独ソ戦継続・対米開戦を考え直すようヒトラーに直言したともいわれるトットは、翌年二月八日、東プロイセンの総統大本営からの帰路に飛行機事故で死んだ。

同乗の予定を急遽キャンセルしていたおかげで命拾いした形になったのが、建築家シュペーアである。軍需大臣格だったトットの職分を引き継ぐよう、ただちに命じられた。トットが構想し、ナチス・ドイツ行政の「組織のジャングル」に阻まれて実現できなかった戦時経済の効率的な一括統治にシュペーアは乗りだし、成功した。たとえば企業間の部品の規格統一による互換性確保である。軍需企業の収益性を保証してやることで、自発的な生産増強や技術革新をうながす仕組みもつくった。

このおかげで、ドイツの戦争継続能力は維持され、その結果、第二次世界大戦はおびただしい被害を出しつづけながら続いてしまったともいわれる。

アルベルト・シュペーア

野心的な建築家シュペーアはまだ三〇代半ばであった。ドイツ社会の老人支配を憎むことははなはだしい。これは第一次大戦前後に青少年時代をすごした世代に共通するものでもあり、また「青年」「若者」に世界の救済者という特殊な価値をおくナチの党員ならではのものでもあった。

一方、このときライヒスバーン理事会の平均年齢は六五歳を越えていた。ドルプミュラー交通相・総裁は七三歳、クラインマン次官は六六歳、ライプブラントで六〇歳である。交通省の鉄道高官たちもおしなべて一九世紀の七〇年代、八〇年代の生まれで、こちらの平均年齢をとると六三歳になった。

シュペーアの目に、一九四一・四二年冬の兵站線断絶の責任がどこにあるかは明白であった。またシュペーアの理解するところ、列車による貨物輸送は軍需産業の必要に半分程度しかこたえられていない。

ところがライヒスバーンの老総裁は、春になっても根本的に解決していない輸送問題の深刻性を、総統の前では巧みに糊塗《こと》し、そのくせ車輌や設備、人員の増強を声高に求めるばかりであった。

老人の無能と無責任は許しがたい、とシュペーアは考えたであろう。彼の実弟は、このとき、生き地獄のような東部戦線にいた。

ライヒスバーン粛清人事

一九四二年四月、中央計画庁をつくり、ヒトラーとの個人的な信頼関係を武器に戦時経済全般を動かす立場を固めたシュペーアは、ライヒスバーンの首脳陣刷新をはかった。

すでに一般的なルールとして、重要部門では五五歳以上の指導者は四〇歳以下の副官・

代理人を置くべしという総統命令が出ていた。

まずシュペーアはドルプミュラーに、クラインマン次官の引退を迫る。東部における輸送破綻の直接の責任者はクラインマンのはずである。

「私の次官が年寄りですと？　あの若者が、ですか？」

ドルプミュラー総裁は冗談ではぐらかそうとした。

「私が鉄道管理局長官になったのが一九二二年ですが、彼はまだ鉄道顧問官になったばかりでしたがね」

ドルプミュラーはこのとき、オペルン鉄道管理局時代のことを思い出していた。クラインマンとは、第一次大戦後の新国境で、ポーランド人相手の苦しい交渉仕事をともにしていた。がちがちのナチになってしまい、一時はこの自分の首まで飛ばしかねなかった男だが、二〇年前には国益を守るために懸命に働いていたのはたしかだ。その頃、このシュペーアなどという若僧が、いったいどこで何をしていたというのか――とでも思っていたかもしれない。

だが、ヒトラーの決断を引き出されると、抵抗は無駄であった。シュペーアの話をきいて、ヒトラーは言った。

「輸送問題のせいで戦争に負けてはならないし、自分がそれに直接関与すれば、事態は必ず改善されるのだ」

一九四二年五月下旬、ヒトラーはドルプミュラーをライプブラント省局長とともに総統大本営「狼の砦」に呼び出した。シュペーアの回想によればその時、別室に待たせていたドルプミュラーを呼び出すと、ヒトラーは語った。

「難局にあたり、より若い者を前線から召喚して、東部戦線の輸送という任務に当たらせる」

ここではじめて、クラインマンの更迭と新次官の任命をドルプミュラーに一方的に告げる。シュペーアによれば、ドルプミュラーは黙ってこの屈辱を受け入れた。ドルプミュラー総裁らしい当意即妙の一言は、出なかったようである。

ガンツェンミュラー次官任命

ドルプミュラーが入室を許される前に、新次官はすでに任命されていた。アルベルト・ガンツェンミュラー（一九〇五〜九六）。機械工学をミュンヘン工科大学で学んだ、ライヒスバーンの技官であった。

バイエルン州パッサウ出身の学生として、ヒトラーの「ビアホール一揆」に参加したこともある「古参闘士」であるが、正式入党はそれほど早くもなく、一九三一年。熱心なナチとして評価されたのではなく、東部戦線における鉄道路線復旧に敏腕を発揮したのが同い年のシュペーアの耳に入り、抜擢を受けたのである。

自動的に、ヴィルヘルム・クラインマンは交通省次官の座を逐われた。政権獲得前からナチの党活動を支え、ライヒスバーンにおけるナチ系職員のトップに君臨していた男は、そのナチによって切り捨てられてキャリアを終えたのである。

もっとも、前次官は食堂車経営などを取り扱うミトローパという関連団体に天下り、高級住宅地ダーレムの次官官邸にもそのまま住んだ。

シュペーアはガンツェンミュラー次官・副総裁体制になったライヒスバーン理事会の刷新をすすめた。ドルプミュラー交通相も引退させようとしたが、ヒトラーに制止されている。国際的な名声をもつ鉄道人に対して、技術者好きのヒトラーは敬意を抱いていたらしかった。

しかし、高齢の理事会メンバーをことごとく若手に入れ替えることには、シュペーアは成功した。七月には「灰色の枢機卿」ライプブラントも解職された。後任は四九歳の、在キエフ南部鉄道総局長である。

だが、ライプブラントはすぐに復職できた。一九四二年八月一日、交通省内に新設された計画局の局長としてであった。その主な任務は、ヒトラーが構想する超広軌鉄道の路線計画確定である。

ガンツェンミュラー次官任命がおこなわれた直後の五月二四日、ヒトラーはドルプミュラー大臣に対して、軌間四メートルという超広軌の長距離鉄道の計画を策定するよう、正式に下命していた。

ナチス・ドイツのスーパートレイン

この一九四二年春、冬季東部戦線の補給難による全面崩壊をかろうじて回避したドイツ国防軍は、ふたたび攻勢に出ていた。

一九四二年四月、ついに司法権すら掌握し、国内の独裁体制を完璧なものにしたヒトラーは、意識をもっぱらソ連南部の資源にむけていた。六月二八日、「青」作戦を実施し、イタリア軍・ルーマニア軍をくわえた枢軸軍がクリミアとウクライナ残部を攻略、その後二方面に分かれて侵攻した。A軍集団は南下してコーカサスの油田地帯を、B軍集団はヴォルガ河畔の都市スターリングラードを目指した。

超広軌鉄道の当初の終点とされていた都市ロストフも、七月、ドイツ軍の手に落ちている。

この「青」作戦発動の一〇日前、交通省内ではじめて超広軌鉄道計画の話し合いがもたれ、ガンツェンミュラー新次官によって計画検討が正式に命令された。

七月二日には、シュペーアと並ぶ「ヒトラーお気に入りの建築家」でミュンヘン都市計画の責任者ギーゼラーをむかえ、ガンツェンミュラー、ライプブラント（運行局長としてなお留任中）以下省内関連局員らが集まって、現時点でわかる概要と作業分担についての議論をおこなった。

この会議に参加した交通省ＥⅢ局三〇課のギュンター・ヴィーンズ（一九〇一～七五）が、事実上の設計責任者として、省内諸局、技術開発担当のライヒスバーン中央局（ベルリン、ミュンヘン）ならびに関係企業（クラウス・マッファイ、ボルジヒ、ヘンシェル、スイス・ＢＢＣなど）との協働による、車輛・施設関連の開発計画のとりまとめをおこなうことになった。

今日、幻の「ナチス・ドイツのスーパートレイン」の計画として残されているのは、一九四二年一一月にヴィーンズ技師がまとめた諸元の「覚書」にもとづき、翌四三年三月に計画概要を「Ａ～Ｅ」の五分冊にまとめたものである。

路線計画は、八月一日に交通省に復職したライプブラントの計画局が一九四三年中旬までにまとめた。ヒトラーの空想的な計画にふりまわされた末に一度はクビになってしまったライプブラントは、ここでもまた、独裁者の夢想につきあわされることになる。

コーカサスの玄関口であるロストフまでだったはずの超広軌列車の路線は、ロシアを越え、中東やシベリア・ウラジオストックまで至るものにすべきだとされた。大英帝国を支える海上輸送に対抗する、ドイツを起点とする世界的な陸上輸送路線の構想であった。

一九四二年春以降のヒトラーは、前年冬の危機を自分の不退転の意思だけで乗り切ったという自信にとりつかれ、一転してきわめて積極的になっていた。四一年末の意表をついた日本の対英米開戦も、ヒトラーにとっては英国の力を削ぐ意味では戦局打開につながる朗報に感じられた。東経七〇度線で日本と侵攻・勢力圏を分割しようという世界戦略が大真面目に主張されてもいる。もしも、ナチス・ドイツに世界征服の意図があった、といえるとすれば、たしかにこのときであろう。

しかし五月には、ケルンが大規模な空爆を受けている。占領地域拡大のピークに達しつつも、日米開戦にともなう対米戦争にも入ったナチス・ドイツは、振りかえれば、すでに「終わりのはじまり」を迎えていた。

ちなみに太平洋戦争前夜の日本でも、本土を起点に朝鮮、「満洲」、中国から中央アジアを突っ切り、アフガニスタン、「ペルシャ」を経由してバグダードに至るという中央アジア横断鉄道構想が一部で唱えられた。いかにも奇想天外なものだったが、「防共鉄道」の別名を冠されていたように、陸路の欧亜連絡を左右できたソ連のシベリア鉄道を強く意識したものだった。

敗色の濃いなかで進んだ計画

その後の戦局の変化で、ヒトラーの誇大妄想的なプランはもちろん（いったん）放棄された。だが、総統が個人的にも執着する前述のライヒ主要都市計画と超広軌鉄道の計画とはリンクしていた。

「ゲルマニア」計画の目玉の一つ、巨大な「南駅」は当初計画では一二ホーム二二線をもつことになっていたが、一九四二年はじめごろからは超広軌鉄道の導入に備えて、ホーム・線路の数を減らすことでの設計変更を余儀なくされた。まだ図面や模型だけでのこととはいえ、都市改造計画におけるどの主要都市の中央駅でも、標準軌を前提にしていた以上、超広軌路線が入ってくれば計画を修正しなければならない。

ライヒからパリにおよぶ主要四路線の計画が、ライプブラント局長麾下の計画局の手で、一九四三年三月中旬にようやく完成する。路線計画は東方に限らずフランスにまで拡張されていた。

1．当初の東西路線　資源地域コーカサス地方への玄関口であるロストフからロシア南部、ポーランドを経てベルリンに入り、ルール工業地帯に連絡、パリに入る路線である。ロストフ～キエフ～クラカウ～カトヴィッツ～ブレスラウ～ベルリン～ハノーファー〜ルール地方〜アーヘン〜パリ。

2. 南北（北・南東）路線　北ドイツから南ドイツ、オーストリアを経て東欧・バルカン諸国を通過し、トルコを結ぶ。ハンブルク〜ヴィッテンベルゲ〜ベルリン〜ライプツィヒ〜バンベルク〜ニュルンベルク〜ミュンヘン〜リンツ〜ヴィーン〜ブダペスト〜ベルグラード〜ブカレスト〜アブズヴァイク。黒海沿岸ヴァルナ、ブルガスを通り、イスタンブールに至る。

3. 並行南北路線　大ドイツ・ライヒの二大金融センターにもなるはずだったベルリンとヴィーンを直接結ぶ路線で、「2」に並行。ベルリン〜ドレスデン〜プラハ〜ヴィーン。

4. 東西路線　南ドイツからパリにむかう路線。ミュンヘン〜アウクスブルク〜シュトゥトガルト〜カールスルーエ〜メッツ〜パリ。

この後、この路線計画は地理的に拡張を重ねられた。ミュンヘンからマルセイユ、さらにスペイン国境へ、ヴィーンからローマへ、ブレスラウからワルシャワを経てミンスクへ、そこからレニングラード、モスクワ、カザンへ、ロストフから油田地帯バクーへ……とヨーロッパ全土を結ぶものに、超広軌鉄道の路線計画は際限なく広げられていった。

これが一九四三年中旬に至るまでのことである。すでに前年四二年晩秋には東部戦線の形勢が逆転し、四三年一月にはスターリングラード攻防戦にドイツ軍は敗れていた（二月二日、ソ連赤軍が勝利宣言）。

「スターリングラードの戦い」でも、鉄道による補給の不足は決定的だった。国防軍の南部軍集団に対しては作戦開始に先立つ一九四二年四月、一日平均一〇五本、計三一三九本の列車による補給があった。弾薬、燃料、糧食、それに部隊輸送や鉄道資材が運ばれたが、満足な路線は前線から六〇〇キロは離れており、資材の大半は前線にほんの少しずつしか届いていなかったのである。

一九四三年春の時点で、にらみ合いながら対峙する独ソ両軍は消耗し、疲れ切っていた。そのなかでドイツ国防軍は、「クルスク戦車戦」でも有名な四三年七月の反攻「ツィタデル（城塞）」作戦に出た。

これ以降、七月から八月にかけての第二次世界大戦最大級の激戦のはてに、両軍はおびただしい犠牲を出した。赤軍の損害もすさまじかったが、「城塞」作戦中とその後の一連の戦いでのドイツ国防軍の人的損害は、もはや回復不可能なものであった。この夏から秋にかけて、東部戦線の国防軍は九一万の将兵をうしなったが、補充されたのは四二万でしかなかった。

すでにナチス・ドイツの敗北は明白になりつつあった。

夢の巨大車輌

戦勢の転換とは無関係に、およそ現実離れした全欧規模の超広軌高速鉄道路線の計画はつづけられていた。なお、ロストフは攻防戦の末、一九四三年には最終的にソ連に奪還されている。

路線計画と並行して、車輌・設備の計画をつくらなければならないEⅢ局ヴィーンズたちにとっては、「軌間四メートルの超高速列車」というだけの総統命令から具体的なイメージを引き出すのがまず苦労だった。

高速はともかく「軌間四メートル」はやはりコスト面からもありえないので、総統に翻意してもらわなければならない。ライヒスバーン内部では「軌間三メートル、軸圧三五トン、メートル重一九トン・パー・メーター」の基本データが一九四二年七月にまとまり、月末にガンツェンミュラー省次官がヒトラーにこれを報告、承認を得ている。ヒトラーからすれば、ロシアの広軌の倍近くもあれば、自分の思いつきに大してこだわるでもなかったようだ。

実質的な計画リーダーとなっていたヴィーンズは、同年一一月二五日付けで『超広軌長距離鉄道のための機関車ならびに車輛の基本構造方式に関する規定』（『覚書』といわれるもの）という五九ページの冊子を執筆作成し、その後の計画作業の基礎をすえた。これはベルリンとミュンヘンに二つあった技術研究機関であるライヒスバーン中央局（ＲＺＡ）と、同じく両都市のライヒスバーン建設管理局、当該の各地管理局、ならびに関係企業に送付された。

それをもとに担当各局、各社が車輛等の設計案を作成し、ヴィーンズがさらにこれを取りまとめた結果が『超広軌長距離鉄道』冊子五巻（Ａ〜Ｅ）であった。ライヒスバーン内の機密文書扱いを受けたもので、順に「Ａ　動力機関車」「Ｂ　電気機関車」「Ｃ　車輛（動力分散式車輛）」「Ｄ　客車」「Ｅ　貨物車」に分かれている。

「Ａ」では貨物列車用、急行列車用、作業車等、計三三種類の動力機関車の案が提示された。設計には、クルップ、ボルジヒ、ＢＢＣ、ヘンシェル、シュヴァルツコプフなどの主要メーカーの他、ライヒスバーン中央局（ベルリン、ミュンヘン）もそれぞれの案を出していた。ヴィーンズは、電化の将来的利点を認めながらも、現時点ではこれらの動力車（ディーゼル・ハイドローリック機関車、ディーゼル電気機関車、蒸気ターボ機関車、蒸気機関車、ガスタービン車、……）が使用されるべきだろうと考えていた。

このうちの一つ、「一九番」ことヘンシェル社設計の急行列車用ディーゼル電気機関車は、軌間三メートル、動輪径一・八メートル、従輪径一・二メートル、全幅五メートル、全高六・六五メートル、全長六〇メートル、総重量七五〇トンという巨大なもので、最高速度時速二五〇キロの性能をもった。同時期日本のＣ五九形やＤ五一形の大型蒸気機関車が全高三・九八メートル、全長が二〇メートル前後であり、当時国際的水準にあった満鉄「あじあ」号の主力牽引車パシナ形が軌間一四三五ミリ（標準軌）、総高四・八メートル、全幅三・三六メートル、全長二六メートルだから、ビルディング二、三階ほどの高さをもつ流線型の「一九番」機関車の大きさが想像できる。

同じヘンシェル社設計の貨物列車用機関車（「二五番」）も、最大牽引力二〇〇万キログラムで最高時速一〇〇キロという高速を出すとされた。戦前の高速列車「飛ぶハンブルク人」を引く電気式ディーゼル車が時速一六〇キロ以上を出し、東アジアでは「あじあ」号パシナ形の最高速度が時速一三〇キロ、特急を牽引するＣ五九形の最高時速は一〇〇キロ、Ｄ五一形は最高時速八〇キロであったから、超広軌鉄道は旅客車、貨車ともに高速を誇るものになるはずであった。

「Ｂ」の電気機関車についても、ミュンヘンのライヒスバーン中央局とスイスの企業ＢＢＣが八案を提示していた。欧州規模の電化は一九四一年夏にはかなり具体的な計画がつくられていたが、戦時下、しかもヒトラーの理解不足もあって顕著には進まない。それでも、蒸気機関車とほぼ同等の巨大さと性能をもつ電気機関車の設計案がつくられている。「C」の車内設計部分と「D」は、二階建ての巨大列車の内部デザイン案を示し、後世の私たちに「豪華列車」「ナチス・ドイツの新幹線」のイメージを決定的に印象づけるものとなった。車輌の全幅は六メートルという、ゆったりとしたものである。

超広軌鉄道の列車編成

超広軌鉄道で運行されるはずの列車編成は、たとえば次のようになるだろうと考えられた。

1. **普通昼行列車**　七輛編成。貨物・郵便・自動車運搬車、三等客車（四六〇席）、ビュッフェ付三等客車（二二四席＋ビュッフェ一七六席）、一・二・三等客車（一等三二席、二等九六席、三等二五六席）、一・二等食堂車（一三〇席）、一・二等客車（一等四八席、二等一四四席。レクリエーション席六八席）、後尾車輛（一等一六席、二等四八席、三等一六〇席、レクリエーション席一〇四席）。座席数一四八四席は現在の一六輛編成の新幹線「のぞみ」と同じくらいであるが、食堂車その他四七八席が付設。

2. **豪華昼行列車**　七輛編成。貨物・郵便・自動車運搬車、一・二等客車（一等四八席、二等一四四席。レクリエーション席六八席）三輛、一・二等食堂車（一三〇席）二輛、映画館車輌（映画席一九六席）。座席数五六七席、食堂二六〇席、レクリエーション席四〇〇席。

3．寝台列車　七輌編成。貨物・郵便・自動車運搬車、一等・二等寝台車輌（一等一六席、二等四一席）二輌、浴室車（一二〇席）、二等昼夜兼用車（ここでは三等用に転用し、三等六二四席）三輌。

一案では一等寝台席は四平方メートル程度の個室で、ベッドになる一九〇センチのソファ・シートと肘掛け椅子、小円卓を備え、洗面所は脇に別室になっていた。二等寝台席では、昼間は二人掛けソファ・シートが向かい合っているコンパートメントを、夜になると壁で仕切り、シートをベッドにする三・五平方メートル程度の細長い二つの個室にする。洗面台はこの中に併設されている。この二階建て車輌には、階段をのぼると朝食室、シャワー室、理容スペースがある。

豪華列車の最大の特徴は、長旅に備えた映画館車輌をもつことだろう。大きめのミニシアターくらいの席数である。これにせよシャワーや浴槽をそなえた浴室車輌にせよ、巨大化によるスペース増が可能にしたものであった。また、時速二〇〇キロで走る列車では窓を開けることはできないので、空調システムを完備することにした。

超広軌列車の車内イメージ

　ベルリンとミュンヘンのライヒスバーン中央局は、これらの車輌の設計と内装に意を尽くし、「D」の付録には四七の計画書や設計図をつけた。一等車・二等車の、チェス盤をかたどったテーブルのある、高価な木材をつかった個室や、ロングテーブルのある食堂車、バーラウンジや社交室、読書スペースなどのイラストが添えられた。

　ただ、これらについてあまりくわしく触れても仕方がないところがある。結局幻に終わった豪華列車だから、というわけではなく、ライヒスバーンの名のある車輌デザイナーたちの苦心の作も、仮に計画が実現の暁には、かならずデザインに大幅な変更がくわえられていたに違いないからである。

　ヒトラーは、この超広軌鉄道計画もその一つといえる、巨大建造物にマニアックな関心をもったことでよく知られる。また、こまごましたインテリア・デコレーションにも、一家言あった。有名な南ドイツ・ベルヒスガーデン近郊の山荘「ベルクホーフ」などに、その趣味があらわれている。

元建築家志望の総統のこの方面の才能や見識が実際にはどの程度であったのかは、相手になった専門家たちの間で評価にばらつきがある。とにかく、ここでもきっとあれこれと細かく口を出し、担当者を悩ませたことは確実だろう。

一九四三年四月五日、ミュンヘンにおいてガンツェンミュラー交通省次官とヴィーンズ技師に上記の計画の説明を受けたヒトラーは、計画案を了承し、「戦後ただちに」着工するようにと命じた。

その二ヶ月前、スターリングラードではドイツ軍が降伏していた。この四月初めのヒトラーの関心は、士気《しき》阻喪《そそう》しつつあるイタリアのベニート・ムソリーニら同盟者と会談し、戦況を挽回することに、すでにもっぱら向けられていたのである。

東方労働者を乗せて

ヒトラーの心づもりでは、新しい超広軌鉄道は、ナチス・ドイツの「選良」を戦後の東方支配に送りこむためにあった。大ドイツ・ライヒがついに獲得するはずの「生存圏」は、「ドイツにとっての（大英帝国領）インド」であるロシア西部やウクライナ、さらにコーカサスの資源地帯である。

そこにおいて巨大な鉄道は、「支配民族」であるドイツ人が「劣等民族」を統治する手段であり、同時にそうした支配の象徴的存在の一つになるはずであった。一九世紀後半以来、欧米列強が熱中し、さらに日本がそれに追随して敷いた植民地、半・植民地における鉄道が、みなそうであった。

ここで、超広軌長距離鉄道において運行が予定され、専用車輛も設計された、もう一つの列車編成案に触れておこう。

東方労働者列車（オストアルバイター・ツーク）。七輛編成で、貨物・郵便・自動車運搬車以外に六輛の東方労働者専用客車を接続する。計画にたずさわったライヒスバーンの男たち一人ひとりの考えはどうあれ、超広軌高速鉄道の本質が何処にあったのかは、ここに浮き彫りになるようである。

東方労働者とは、ナチス・ドイツが戦時経済運営のために東部占領地から連行した外国人労働者の呼称である。その数は、二〇〇万強から三〇〇万人を超えた。多くがウクライナあるいはベラルーシから、強制的ないし半強制的にライヒに集められた。ドイツ・ライヒでは集団生活のなかで多くが賃金もまともに与えられず、過酷な労働条件で働かされた。当初、女性が多数を占めたといわれる。

独ソ戦以降、深刻な労働力不足に直面したドイツでは、軍需産業を維持するために大量の外国人労働力に依存した。一九三九年から四五年まで、ドイツ・ライヒには外国国籍をもつ強制労働者が、総計一三〇〇万人投入されたとされる。

そのうち、戦時捕虜として連れてこられたのが四六〇万人であった。民間人は当初は高賃金と好待遇を餌に自発的募集によって集められたが、やがて占領地における暴力による強制が手段となった。

戦時経済の生産性は、外国人労働力が急増した一九四三〜四四年に最も高まった。

シュペーアが軍需に即応する重工業生産を拡大する「ナチス・ドイツ経済の奇跡」を演出できた裏には、トットから継承した生産の効率化をうながす制度的工夫などよりも、容赦のない外国人労働力の利用があった。離脱・逃走が死を意味する離職・移動不可能な環境に投げ入れて、ほぼ無賃金で使役できる労働力は、その意味だけでも効率的で生産性が高い。

シュペーアは戦争遂行能力を維持するために、東西問わず占領下の諸国・諸地域を過酷なまでに絞りあげた。ナチの人種イデオロギーからいえば「下等人種」である東方労働者の徹底的な利用に躊躇がなかったのは、彼にとっては当然である。

この成功の実感は、来るべき戦後も東方労働者を使い続けることを当然視させた。そのための輸送機関として、超広軌鉄道は専用の列車を用意するはずだった。「下等人種」である東方労働者は、ドイツ社会においては隔離されるのが建前であった。

格差を正当化したもの

来るべき戦後、平時においては一定期間後の休暇帰国が東方労働者に許されるだろうと考えられたため、東方労働者専用列車は東西を往復運行されることになっていた。

東方労働者専用列車は計画では七輛編成。貨物・郵便・自動車運搬車のほか、長さ四一メートルの六輛の昼夜兼用東方労働者専用客車をつなぐ。

二階建ての各車輛は四八〇人乗りで、六二のコンパートメントに分かれている。向かい合ったベンチ・シートの長さは二三〇センチで、ここに四人が座る。コンパートメントには、昼間は八人が詰め込まれる。

夜行列車として使用するときには背もたれと荷物棚を外し、それでも奥行き七〇センチのベンチ・シートに大の大人二人が寝ることになっていた。各車輛に給食所のある食事スペースと簡単な売店がそなえられていた。

列車のサイズの大きさが、移動の過酷さを表面的には和らげていたかもしれない。しかし、給仕が控えるディナールームをもつ一・二等客車との格差はどうだろう。

そして注意しなければならないのは、ここにみられる格差は、今日の私たちが経験する料金の多寡による乗り物でのサービスの違いとは、全く異なる論理によるものだったことである。

占領地ではたらくドイツ人鉄道員たちには、『ライヒスバーン同志諸君、外地に私を携行せよ！　ドイツ鉄道人のための規則』という、一五条の注意を記した二つ折り四頁の緑色の小パンフレットが配られていた。

そこには「③現地人には相応の厳しさをもってあたるべし、ただし正当にあつかうこと！」とあった。しかしその文言は以下のように続いたのである。

　何世紀にもわたり我々と同様の文化をもつ西欧人は、東方の自然に近い人間とは、異なったあつかいをするべきであると考慮せよ。

人種主義による差別と弾圧、収奪を当然視するイデオロギーであった。

ヴィーンズはじめ超広軌鉄道の計画にあたったライヒスバーンの優秀な設計技師たちは、これを可視化してしまっていた。彼ら自身が官製の規範としてその思想を受け入れるだけではなく、本当に心の底から信じ、身につけていたかはわからない。

だが、現に人種差別にもとづく搾取の装置を設計し、記録に残したのである。

は、幸いとすべきだろう。試作車すらつくられることはなかった。

ライヒスバーンは、ありえたかもしれないナチス・ドイツの戦勝後、メガロマニアックな列車を征服地に走らせることはなかった。そこは、戦時の大量殺戮の記憶が生なましい（あるいはまさに民族浄化が進行中かもしれない）血塗られた土地であったはずである。今日の視点からいえば、そこでの残虐な侵略行為にさらに加担せずに済んだ。

超広軌鉄道については、すべては結局、悪夢の青写真でおわった。

だが、凶器はいかにも凶器の姿をしていなくてもいい。ライヒスバーンの人びとは、自分たちがごく平凡な業務にも使ってきた車輛を、大虐殺の道具にすることを、もうはじめていた。

超広軌列車の計画にライヒスバーンが全体として冷淡だったころにも、ライヒから東欧へのユダヤ人の移送ははじまっていた。独ソ戦で占領下におかれた地域では、無差別に近い大殺戮の現場はしばしば駅とその周辺であった。またSS行動部隊や国防軍は、とらえた大量の犠牲者を駅のそばの空き地まで移動させ、みずからの墓穴を掘らせたうえで一斉に射殺するという手順を多用した。

凶器としての鉄道

ナチ・イデオロギーを体現する車輛が、この超広軌鉄道計画では紙の上にとどまったのまた、より西方からの鉄道による移送がはじまった当初も、犠牲者たちが停車場を降りたところですぐに射殺していた。徐々にその手間――効率性が問題にされるようになる。ガンツェンミュラーの次官就任を画期に超広軌鉄道計画にはようやく弾みがついたが、同じころ、新次官はポーランド総督フランクから、ゲットーからのユダヤ人の強制収容所への移送について依頼を受けている（一九四二年六月二六日）。

また七月一六日には親衛隊長幕僚のカール・ヴォルフからの電話で、ポーランド東部・ウクライナ国境近くに三ヶ月前にできたばかりのソビボル絶滅収容所へのユダヤ人移送の遅滞について対処をもとめられた。

すでにユダヤ人絶滅計画「ラインハルト作戦」は、この一九四二年三月から始動していた。ヒムラーを頂点とするＳＳからの要請に、ガンツェンミュラーはただちに誠実に対応した。

ユダヤ人の絶滅収容所への移送、いわゆる「死への特別列車」の本格的な運行は、一九四二年にピークとなる。

第六章　装甲列車と「死への特別列車」

（一九四三〜四五年）

「そのとき、あんた方はわたしがこういうのを聞くでしょう。全員よ！　そして首がころがり落ちるたびに、わたしはいってやるの、『ほい！』って」

鉄道工兵隊の任務

独ソ戦開始後の一九四一年末、ライヒスバーンは東部占領地域の鉄道業務におよそ七万人を従事させていた。一応後方にあたる東部鉄道や、まだ比較的平穏な西部占領地にも、あわせて五万人ほどを出している。

これとは別に、兵士として軍に勤務していたのは約四万三〇〇〇人であった。この軍服を着たライヒスバーン元従業員たちの数は、一年ごとに倍になり、一九四四年末のピークには二〇万人を超えた。彼らの配属先はさまざまであったが、鉄道関連の業務につくことは当然少なからずあった。

規模的にみて、鉄道工兵隊をまずあげるべきだろう。

ドイツ軍は各地でパルチザン（一般民衆の組織した非正規軍。別働隊）の活動に悩まされたが、その標的はしばしば鉄道施設であった。すべての駅はすでに厳重に警戒され、援兵壕や塹壕に囲まれていた。しかしパルチザンは軌道に爆薬を仕掛け、あるいは銃撃や燃焼物の投げ入れなどで、列車と路線も狙った。

これに対し、補給のための路線を保安し、必要に応じて修復するのが鉄道工兵隊の重要な任務となる。

重視されたのは、鉄道架橋や重機材運搬である。士官クラス以上は専門的訓練を受けた技術者であり、新編成の兵は、元職人や材木業者、金属工員、機械工員、電機工員、海員などの中からも選ばれ、歩兵としての射撃訓練も受けた。

東部戦線がなおドイツの攻勢下にあった時期、鉄道工兵隊の戦闘行動は、たとえば以下のようなものとして語られている。

あるとき、河川近辺が前線となっていたが、空中からの写真撮影で鉄橋がまだ健在であることがわかった。渡河しようとするドイツ国防軍の戦闘部隊は、この鉄橋に攻めかかる。

まさにその瞬間に、自動車や鉄道本線の車輌内に待機していた鉄道工兵隊が駆けつけ、これに合流した。工兵隊の中尉と伍長の二名は部隊に加わり、堤防にそって銃弾の飛び交うなかを匍匐《ほふく》前進する。

第一橋脚に光るものがある。敵の仕掛けた導火線ではないかと気づいた。敵・赤軍は橋を爆破するつもりだと判断できた。中尉は機関銃火をかいくぐって橋に駆け寄った。右手を撃たれた。鉄線鋏《ばさみ》を左手に持ち替え、導火線を切断する。伍長もまた橋の下にもぐりこみ、いそいで針金を切った。

第二橋脚に爆弾を仕掛けている赤軍兵士たちをみとめると、二人は道路を横切って走った。射撃をくわえて敵の作業を停止させ、手をあげさせる。

これは渡河点である貴重な橋が、無傷で手に入ったケースである。

だが多くの場合、空中写真を撮ると、すでに橋が破壊されていることがわかった。この場合には再架橋するが、まずは戦闘中に偵察がおこなわれなければならない。

士官の率いる偵察班の自動車は渡河作戦の前線に急行し、物陰から発砲してくるパルチザンの攻撃を排除しながら、再架橋可能な地点を探した。帰還した偵察班の報告を受けて、建築班と作業班が現場に急行する。

この現場に向かう行軍自体が敵の攻撃目標となったため、夜陰や黎明にまぎれて作業地点にむかうことも多かった。

作業もまた攻撃対象であり、工事のための車輌や機材を爆撃から隠すことに注意した。そのなかで士官や技術者は作業を監督し、部下の工兵たちにときには水中での作業を命じ

鉄道犂（レール破砕機）

た。

やがて月日とともに戦勢が逆転し、充実した装備と豊富な兵力をもつ赤軍が圧倒的になると、こうした作業の攻守もまた所をかえる。

撤退するドイツ国防軍は、線路などをできる限り壊していかねばならない。「鉄道犂《すき》（レール破砕機）」と呼ばれる破壊器具が、最後尾の鉄道車輛にとりつけられた。多くの労働者を使役して敷いた線路は、退却の列車進行と同時に枕木ごと破壊されていった。

これを修復することが、ＮＫＰＳこと交通路人民委員部はじめソ連側鉄道関係者の任務となった。不慣れな諸機関に対して経験とノウハウをもつＮＫＰＳが率先垂範し、鉄道路線修復のピッチが上がるようになった。このとき、赤軍の本格的な追撃がはじめて可能となった。

戦線の縮小

一九四三年夏の大反攻で赤軍の前線を破ることに失敗したドイツ軍は、その後、後退をつづけた。

「戦線縮小」で西に退却するドイツ国防軍のなかには、ユダヤ系混血を隠して軍属として働くエルニ・カルツォヴィチュ（一九二三〜）というオーストリア生まれの若者が混じっていた。

一九四三年九月、ドイツが防衛線を敷いていたドニエプル川河畔の都市ザパロジエが陥落寸前となり、作業所が西に撤退することになった。このとき後衛にまわされたカルツォヴィチュと戦友は、赤軍機の爆撃に怯えながらドニエプル川のダムの上を徒歩でわたり、市内の駅に入った。主力グループに合流し、機械を積みこんで西へ逃げる貨車に乗り込むためである。

そこで二〇歳の若者は、構内の引き込み線に停車している列車が、野戦病院の代わりに使われている光景を目にした。

その二〇輌の貨車からなる列車は、前線のもはや消滅した野戦病院から多数の傷病兵をそのまま運んできたものであった。貨車の扉は開けられ、凄まじい匂いが鼻を打った。貨車の中には、重傷を負った兵がところかまわず横たえられ、瀕死の苦痛に叫んでいた。

川の向こうまで傷病兵を運んできた護送部隊は、列車をここで見捨てて南方に移動し、最後まで傷病兵の手当てを続けていた衛生班も、赤軍の襲来を目前に離れていかざるをえなかった。

肺や腸を撃ち抜かれ、あるいは肢をうしない、痛みと渇きに悶え苦しむ兵たちが横たわっていた。その数名にカルツォヴィチュは水をあたえ、臨終の言葉を聴いてやった。しかし、あまりの悲惨さに耐えきれず、気分が悪くなって列車から降りた。

> それはまさに、私が憎んできた大ドイツ帝国の様相であった。……その総統は自らの兵士を、故郷から何千キロも離れた地に見殺しにしたのだ。（増谷・小沢訳）

すでにワルシャワ・ゲットーでは、ユダヤ人の父の消息が絶えていた。ユダヤ混血のカルツォヴィチュ青年は、危険な出自を隠しながら、東部戦線でなお戦いつづけねばならない。

ドイツ国防軍は、九月末にはドニエプル川を赤軍に渡られ、一一月にはかつて占領したなかで最大の都市キエフを奪回され、年末についにウクライナと北コーカサスをうしなった。

一九四四年六月にはソ連・赤軍は「バグラチオン」作戦を発動。三年前のドイツ軍の「バルバロッサ」作戦を裏返したような機甲部隊と航空機による最大規模の攻勢で、ドイツ軍の中央は突破された。赤軍はポーランド・ワルシャワ近郊まで近づいた。

ワルシャワ蜂起

ちょうどこのころ、超広軌鉄道の実質的な責任者だったギュンター・ヴィーンズはワルシャワにいた。一九四四年二月末、東部鉄道ワルシャワ管理局長官に転じていたのである。戦況の悪化で超広軌鉄道計画が一段落したのちも、ヴィーンズはほぼ自発的に計画の細部を練りつづけていた。職務のかたわら、超広軌鉄道に関する計画書「A～E」を補完する車輛部品や機械設備に関する計画書分冊「F」や、理論的考察にあてられる分冊「G」の構想も温めていた。

一九四四年七月末、赤軍の侵攻がワルシャワに近づくと、ロンドンにいたポーランド亡命政府の指揮下にあったレジスタンス組織「ポーランド国内軍(AK)」は、それに敏感に反応せざるをえなかった。ソ連は戦後をにらみ、すでに亡命政府に対抗する共産主義者の傀儡政権を設置していたが、その一方でポーランド人レジスタンスにも蜂起を呼び掛けていた。

間近に迫った赤軍の支援を確信したワルシャワのレジスタンスたち「ポーランド国内軍」は八月一日、武装蜂起をおこした。ワルシャワ中央駅はじめ鉄道施設も攻撃対象となった。

貧弱な兵器しかないレジスタンスにとって頼みの綱は、赤軍が目の前のヴィスワ川（ドイツ名ヴァイヒセル川）を渡って少数のドイツ軍駐留部隊との戦いに参加してくれることだった。

しかし、赤軍は動かなかった。大作戦の直後で補給線の伸びきった赤軍は、ソ連政府の政治的意図を無視してまで、戦術上の危険を冒す総攻撃に踏み切ろうとはしなかった。結果的に、武装蜂起したレジスタンスは見殺しにされた。

装備に勝るドイツ軍は旺盛な士気に支えられたレジスタンスをなんとか撃退し、およそ二ヶ月をかけて残虐な鎮圧を達成、報復攻撃でワルシャワ市内を徹底的に破壊した。非武装の市民を含む少なくとも一八万人から二〇万人のポーランド人が殺された。

ドイツ人民間人も、二〇〇名がレジスタンスの手にかかったが、ヴィーンズは職場が襲撃対象となったものの、生きのびている。

すでに西部戦線では、六月六日のノルマンディー上陸（「オーバーロード」作戦）の成功によって、米英軍の侵攻がはじまっていた。

庁内誌『ライヒスバーン』の毎号の表紙には、戦没した鉄道員たちの名前がずらりと並ぶようになった。「総統、民族、そして祖国のために英雄的死を遂げり」の見出しではじまるそのリストは、数ページにもわたった。

装甲列車への評価

こうした退却を余儀なくされる戦況で、欠くことができない存在になったのが、兵器そのものに改造された鉄道車輛、すなわち装甲列車である。

装甲列車（パンツァーツーク）と呼ばれるのは、中口径以上の火器を備え、防弾装甲を施した列車である。中隊規模の兵力を乗せ、独立した部隊として戦うことができた。

軌道上の車輛に火力を備えつければ強力な兵器になりうるという考え自体は自然なもので、南北戦争時代のアメリカ合衆国など実用化の歴史も古い。

ところが、作戦において鉄道による迅速な部隊の移動をお家芸のようにしていたドイツ・プロイセン陸軍においては、装甲列車は当初、あまり意識にのぼらなかった。

一九世紀の話である。普墺戦争でオーストリア帝国軍が使っていた装甲列車に刺激を受けて以降、ドイツ帝国陸軍は第一次大戦開戦時には装甲列車の戦闘単位を持つようになっていたから、ロシア（のちソ連）と並んで、装甲列車の数少ない先進国であるといってよかった。だが、戦場でそれほど華々しい活躍があったわけでもない。

第一次大戦の敗戦後、連合国に軍備を制限されたドイツ国防軍は、装甲列車を廃止（一九二一年）した。

だが、これとほぼ同時にライヒスバーンは、線路保安警護の目的で、ある程度の武備をもつ「鉄道保安列車」をもつことを許された。一九二九年以降、この鉄道保安列車を本格的に運営していく。この結果、ナチス・ドイツ成立時、二二編成の鉄道保安列車、五台の線路防護列車用機関車があった。

ドイツ再軍備がその後すすむ。しかし装甲列車は、そのなかでとくに期待され、優遇される兵器というわけではなかった。

飛行機、戦車といった新兵器が華々しく登場したのが、先の第一次大戦である。なによりも航空兵力の出現は、空からの攻撃に弱い軌道上の兵器を、一挙に時代遅れのものにした観があった。

第一次大戦中、最大三八センチ口径のものまでつくられた列車砲などにも、これはあてはまる。重砲を鉄道の軌道上を走る専用の台車に載せたこの兵器は、鉄道網が稠密《ちゅうみつ》な欧州の戦場では重宝できるはずだった。

しかし、ドイツ軍によってパリ攻城の長距離射撃にも使用された巨大な二一センチ列車砲なども、もしも上空から狙われればひとたまりもなかったであろう。現実に列車砲は、路線や橋梁の破壊でしばしば移動不可能に陥っていた。

　そうはいいながら、重工業企業クルップなどは一九三〇年代から数種の列車砲を製造し、それらは第二次大戦でも実戦に頻繁に投入された。列車砲への期待は依然国防軍内で高く、有名な口径八〇センチの巨人的な列車砲「ドーラ」のようにあからさまにヒトラーの巨大趣味に媚《こ》びたものを除いては、二一センチ口径や二八センチ口径の列車砲が東西両戦線で組織的に運用されつづけた（こちらもやがて、発達した航空兵力の前ではさほどの威力を発揮できないことがわかるのだが……）。

　それに比べると開戦前、装甲列車は不当に低くしか期待されていなかったといえる。チェコを併合した際に、チェコスロバキア軍の装甲列車を接収し、七編成の装甲列車をもったくらいで、ドイツ国防軍首脳は装甲列車の運用には消極的であった。

　しかし大戦勃発後、ポーランドで線路や橋梁の破壊を未然に防ぐ機動性を発揮した装甲列車は、その戦術的価値を再認識された。また、セルビアをはじめとする各地での戦いの相手はパルチザンであり、補給線警護に装甲列車はきわめて有効だった。

　かくして建造や捕獲装甲車輌の転用による新規投入が決定された。一九四一年五月には、装甲列車二六番から三一番までの広軌装甲列車が対ソ戦に備え東部に配備された。各列車は指揮部隊、仏軍から鹵獲して使っているソミュア戦車の搭乗員、技術乗員、兵站要員で成り立つ。指揮部隊には大尉・中尉クラスの指揮官に無線技士、衛生兵などがつき、各列車に二〜三台が搭載されていたソミュア戦車の乗員は下士官である車長、操縦士、狙撃兵、機関銃兵からなった。下士官として二人の運転士がおり、火夫二人とともに列車を動かす技術乗員であった。

独ソ戦開始後は、一元化されていなかった管理運営を統一し、エゴン・オルシェフスキー中佐（一八九八〜？）をリーダーに装甲列車部隊がつくられた。大戦中、すみやかに七七編成にまで装甲列車を増強したオルシェフスキーの手腕は、高く評価されている。

装甲列車を運行する

「BP四二」などの、火力を増した装甲列車の基本形はおおむね、戦況が傾きつつある一九四三年以降にできた。先頭の車輌は路線妨害工作に備えて無蓋のダミー車輌とし、火力を補うために戦車を搭載、これに対空砲や回転砲塔をもつ複数の火砲搭載車、通信設備も持つ指揮車、テンダー（炭水車）、機関車が続き、前後対称の形でテンダーから順に同じ車輌が並び、最後尾がまたダミー車輌となる。

ドイツ軍では装甲列車の運用を、補給線防護すなわち対パルチザン戦という一つの任務

東部戦線で使われた装甲列車

に集中するきらいがあった。東部戦線では、一九四三年ごろにはパルチザンによる鉄道への襲撃は深刻になっていた。装甲列車や、やや武備の軽い路線防護列車――当初はこれらにだけ地名の愛称がつけられていたが、「ベルリン」のように本格的な装甲列車に改造されるものも出てくる――が出動しなければならない。

一方、ソ連・赤軍は、強力な火力をもつ装甲列車を前線で集団運用する戦法を多用した。

緒戦、ドイツ軍が圧倒している時期の装甲列車の問題は、やはり標準軌と広軌の違いであり、捕獲したソ連車輌を使おうというドイツ側のあてが外れたことはここでも同じだった。もっとも、数台のソ連製装甲列車を捕獲・転用できている。

通常、装甲列車には一名の士官の下に四、五名の下士官、十数名の兵士が乗り込んでいた。戦闘行動に入るさいに、派遣された歩兵が乗員としてこれに加わった。

ドイツ国防軍が防戦一方になっていく時期、装甲列車には新たな役割が浮上した。機動性と火力、防御力を生かし、友軍の撤退戦を支える不可欠の存在となる。

赤軍の攻撃はしばしば鉄道路線を狙い、連絡を断ち切ろうとしたが、装甲列車は敵の浸透を阻止し、撤退のルートを確保した。一九四三・四四年冬には東部戦線南翼での大規模な撤退戦に六九、七〇、七一、七四番の装甲列車が新たに投入されたのも、その有用性が明らかだったからにほかならない。

防御と撤退がドイツ軍の最も重要な課題となるにつれ、装甲列車の評価は上昇した。戦車に匹敵する価値をもつ兵器として増産と投入が急がれ、戦時計画経済における鉄鋼素材の割り当てでも優先度があげられた。

だが、一連の増強計画も戦況の悪化で工場設備が次々と失われたことで、停頓していくことになる。

装甲列車はもともと頑強で、もし相当のダメージを受けてもすぐに修繕が利き、実戦に再投入できる、驚くほどタフな兵器であったという。しかしそれも設備を失って修理ができなくなれば、破棄されるしかなかった、そして消耗を増産で補うことは、一九四四年ごろにはもうできなくなっていた。

東部戦線が西へ西へと移動すると、逆に、ソ連・赤軍の装甲列車は前線に見られなくなった。すでに機甲師団と空軍を主力とする赤軍においては、装甲列車を運営するために西側の標準軌に対応する必要が薄くなっていたからである。

一方、ドイツ軍の装甲列車は被害を重ねながら、ドイツ本国（ライヒ）の最後の防衛戦まで戦い抜いた。装甲列車の組織的な運用は、敗戦直前の一九四五年四月まで続いた。

装甲列車には、国防軍の要請により一編成につき少なくとも二人のライヒスバーン職員が列車運行のために乗り込んでいた。その他のメンバーも、装甲列車運行という任務にかなうと考えられた兵士が集められ、訓練を受けていたから、元鉄道員がかなりいたはずである。

深刻化する労働力不足

前線に総計二〇〇万という人数を引き抜かれれば、戦時下ドイツの全ての産業部門と同様、ドイツ・ライヒスバーンも慢性的な労働力不足に悩むのは避けられない。

こうした労働力払底という事態への対処法もまた、他のドイツ企業と変わりがなかった。女性労働と外国人労働への依存である。

ライヒスバーンは、本格的には一九四〇年一〇月の決定以降、旧ドイツ・ライヒ内だけで一五ヶ国から一六万人の外国人労働者を集めた。たとえば、四一年八月三〇日付の、交通大臣兼ライヒスバーン総裁の委任により打たれた、ライヒ労働大臣あて電信書簡がある。

そこではこのたび鉄道業務に五〇〇〇人のスペイン人労働者と二〇〇〇人の総督府からの労働者（おもにウクライナ人）を得る予定で、その地域的な配備について別表で報告するむね記されている。くわえて、さらに一〇〇〇人を加えて三〇〇〇人の総督府出身労働者を調達して貰えないか、「もしも可能ならば」特に一定数の金属手工業者が必要だ——と要請して締めくくる。

この連絡によれば、総督府出身の東方労働者はハノーファー、ハレに三〇〇人ずつ、ハンブルクに二五〇人、ベルリン、ドレスデン、カッセル、ケルン、ヴッパータールに二〇〇人ずつ、さらにブレスラウに一〇〇人、エアハルトに五〇人が鉄道業に配属されることになっていた。

外国人労働者の待遇には国籍と人種によって露骨に差があったが、かれらの役割は運行に不可欠となった。一九四二年春ごろまでにポーゼン鉄道管区では火夫（機関助士《ボイラー》）の七五％がポーランド人、西部のシュトゥトガルト鉄道管区でも五七％に及んだ。ケッセル鉄道管区の機関士は七三％が外国人であった。

ライヒスバーンは一九三九年の戦勝直後には九〇〇〇人の職員・労働者を新しい鉄道管区と東部鉄道に送り込んでいた。つまり、極力鉄道運営の「ドイツ化」を図った。ところがやがて、当初は人種主義的建前から大っぴらにはできなかったポーランド人鉄道員の再雇用・採用を、段階的に増加させなければならなくなった。ライヒスバーンや東部鉄道の労働力不足は、戦況とともに悪化する一方であったからである。開戦から一年ほどは、熟練を犠牲にした養成期間の短縮による現場鉄道員の速成や、事務系労働者の運行現場配備といった無理を重ねるが、すぐに限界がきた。一九四一・四二年冬の輸送破綻にすでにそれはあきらかであった。

外国人労働者と女性鉄道員

最初は四万人ものポーランド人鉄道員を働かせながらも、ドイツ語でのみ業務命令をおこなっていたが、のち一九四三年末には一四万人以上までポーランド人（ならびにウクライナ人）鉄道員は増えた。そこでやむなく、業務ではドイツ語・ポーランド語を併用することにしていく。

ライヒスバーン全体では一九四四年八月の時点で、全従業員の二八％にあたるおよそ三〇万人の外国人労働者と捕虜を使用していたともされる。ライヒや占領地域に、ライヒスバーンは二六八の強制労働者キャンプ（収容所）をもっていた。

　空爆が激化していくと、破壊された路線の修繕回復にますます多数の強制労働者が投じられるようになった。一九四四年末には、四万人の戦時捕虜を路線作業に駆り出した。

　各地のライヒスバーン修理工場（ＲＡＷ）にも、外国人を含む強制労働のための収容所が隣接していた。外国人労働者による妨害工作を警戒して、機関車・車輛製造や修理の作業には極力かれらを近づけない方針だったが、やむを得ない例外的措置だった。たとえば西部ドイツ・ユーリヒのＲＡＷには一二〇〇人の強制労働者が働いていた。

　ミュンヘン近郊ノイアウビンクにあったＲＡＷでは機関車などの修繕がおこなわれていたが、外国人労働者にはとくに転轍機製造などの重労働を振り当てた。ノイアウビンク工場では、ソ連人捕虜をふくめ、東方労働者、南欧、北欧、西欧の各国民と多様な民族が数百名ずつそこで外国人労働者として働いていたが、そこでも露骨な人種差別がおこなわれた。

　一九四三年に定められていた工場内の規則によれば、人種的にドイツ人とほぼ同等とみなされていたオランダ人や北欧人が一五〇グラムのパンを含む二五〇グラムの糧食一式を受けとっていたとき、スラブ系の労働者（東方労働者）にはパン八〇グラムがあたえられるだけだった。また東方労働者や捕虜労働者は長時間労働を強制され、彼らだけは日曜日も

ライヒスバーン修理工場で働く女性労働者（1943年版ライヒスバーンカレンダーより）

完全に「休日」にはならなかった。

　さて、鉄道運行のような現場労働への女性の投入には、農村的な環境での家庭女性＝母の多産が人種繁栄を生むという「血と土」のナチ・イデオロギーによる抵抗があるはずだった。にもかかわらず、一九三九年にはすでに女性労働の割合は英米を上回っていた。結局、四三年六月までに女性鉄道員の数は二〇万近くになり、その後も増え続けた。

　ライヒスバーンはポスターを作成し、「魅力的な職場」への大々的な募集をかけた。戦争が終われば解雇されるという建前だったが、その働きぶりは良好であったという。

鉄道員たちの献身

大戦期を通じて、彼女たち当初予定しなかったグループを含め——生命の危険にさらされていた強制労働の場合はともかくとして——、ライヒスバーン職員・労働者のモラールは高かった。サボタージュなどの動きはほぼみられなかった。鉄道業において体制への抵抗者は皆無ではなかったが、レア・ケースに過ぎなかったというべきだろう。

スターリングラードの決定的な敗北（一九四三年一・二月）以降、激しい狼狽《ろうばい》と落胆が広汎な民衆感情を支配し、ナチ体制への信頼は一気に落ちていった。

ライヒスバーンの従業員たちも例外ではなかったはずだが、彼らはかわらず熱心に働いていた。首脳陣の交代以降、党によるライヒスバーン直接支配は強まり、「ＳＳ国家」の強烈な抑圧と管理は、より直接的に鉄道員に感じられるようになったこともある。一〇年におよぶ体制のイデオロギーがある程度浸透していたとも考えられる。

都市空爆があいつぎ、鉄道も主要な標的であるのもあきらかであった。絶望的な状況下で、鉄道員たちは献身的であったといえる。いかなる危険な任務にも取り組んだ。また、きわめて残虐な任務にも逆らわずに応じたのである。強制収容所・絶滅収容所へのユダヤ人の大量移送は、「特別列車」によっておこなわれた。

ドイツ・ライヒからの移送は、一九四一年九月からはじまっていた。国家保安本部第Ⅳ

局ことゲシュタポ（ゲスターポ。秘密国家警察）のB四課（ユダヤ人課。課長はアドルフ・アイヒマンSS中佐）a係とライヒ交通省鉄道第Ⅱ局（EⅡ）第二一課第一係が定期的に会合をもち、ゲシュタポからの発注をライヒスバーンが業務として受ける形ですすめられた。運行計画は各地の鉄道管理総局で作成され、第一係でまとめられたうえで、ゲシュタポB四課a係にもどされる。このとき、個々の移送計画が発動するのであった。

このユダヤ人移送「デポルタツィオーン」の列車運行には当然ライヒスバーン従業員があたったが、職員・労働者のなかから業務命令を拒否した者、移送対象に対する非人間的な扱いや射殺を含む残虐な行為を非難する者はほとんどいなかった。

それがキャリアに障害になったわけでもないらしいのに、そうした勤務からの転属を願い出る例も少数であったという。

デポルタツィオーン（ユダヤ人移送）

ユダヤ人迫害から大虐殺による絶滅という「最終的解決」まで、ナチス・ドイツに一〇年にわたる一貫した計画があったわけではない。ヒトラーに一貫していたのはユダヤ人への憎悪と敵意であった。ヒトラーには、自分のはじめた第二次世界大戦すらユダヤ人の陰謀で起きたと信じている節《ふし》があった。

ライヒからユダヤ人が自発的に出ていくようにする迫害からスタートし、大戦前のナチの企図は、東方への（その後の民族滅亡を前提とした）大量移住といったところにあったはずだと考えられている。ここから、大量殺害による絶滅計画への転換またはエスカレーションはいつ決定されたのか。

この議論で節目とされる日付もいくつかある。ヒトラーはユダヤ人の「運命」を予言する形で、ユダヤ人絶滅に言及する演説をおこなっている。

一九三九年一月三〇日の演説は「もし大戦が起きれば」というもので恫喝の意味が強かったようだが、一九四一年三月三〇日の、来るべき独ソ戦は「絶滅戦争」であるという国防軍向けの演説は、ボルシェヴィキ（共産主義者）とユダヤ人――この二者をナチはかなりの程度、同一視した――の絶滅を指示すると受け取るべきものであっただろう。

その後、独ソ戦の最中には絶滅収容所の建設がはじまっている。さまざまな会談の記録を拾い、秋以降の戦況の悪化のなかで、ヒトラーによる最終的決定がどこかの時点で下されていたと考える論者が多い。

「ヴァンゼー会議」（一九四二年一月二〇日）によって、「ユダヤ人問題の最終的解決」の大虐殺に至る構造は強固にできあがっていった。公的な会議としては例外的に明瞭に、国家計画としての「ユダヤ人虐殺」を議事録に残したことで、ホロコーストの一象徴となって悪名高い。

国家保安本部ハイドリヒに「朝食付きの会合」に招かれ、ベルリン近郊のヴァン湖《ゼー》畔の別荘に集まったのは、東部占領地域省、総督府のほか、法務省、外務省、内務省などの高官たち。出席者一五名のうち八名が博士号をもっていた。

正午からの九〇分の会議で、すでにはじめられていた全欧州のユダヤ人の移送を続行し、虐殺をもって「最終的解決」とする方針にライヒの主要官庁がしたがい、ハイドリヒに協力することが確認された。ドイツの全官庁が大量虐殺の準備作業に入ることが決められたのである。

構造が定まった以上、次に問題となるのは、時系列的な変動であろう。深い海底のように動かない強固な構造のうえで展開される、潮の流れのように一定の周期・リズムをもった動き。景況、循環とでも呼ぶべきものは、ホロコーストの場合、何だったか。

ユダヤ人の生死の決定、すなわち組織的な大虐殺が積極的に行われるか否かのナチ当局による判断は、食糧事情と労働力不足の程度によるものだったといわれる。たしかに一九四一年後半の絶滅収容所建設開始には、ドイツ・ライヒ内において肉類やジャガイモの配給量を減らさなければならなかった事態が背景にあった。その後四二年の一二月には、ポーランド総督フランクが「有害な大食漢」であるユダヤ人の処理に言及した。

ホロコースト研究の画期的成果である『ブラッドランド』を書いた史家ティモシー・スナイダーは、こんな風にまとめている。慢性的な労働力不足が特に意識されれば、使役可能なユダヤ人を生かしておく（死ぬまで働かせる）べきだという判断が働き、労働力不足が一段落して代わりにこれも慢性的な食糧不足が意識の前面にのぼれば、「無駄飯食い」を始末すべきだということになった、と。

恣意的な危ういバランスのなかで運命を左右されることになったユダヤ人たちのなかから、結局、ヨーロッパ全体で六〇〇万人ともいわれる死者が出た。また、労働不能と判断されて即座に殺されたユダヤ人は当然、子どもや女性、老人が多数を占めた。

移送の始まり

東方の強制収容所・絶滅収容所に鉄道により移送されたユダヤ人は、犠牲者のほぼ半数、三〇〇万人程度だろうとされている。ドイツ・ライヒスバーンは欧州規模の鉄道運行を一時担っていたから、ユダヤ人の運搬「デポルタツィオーン」はドイツの鉄道によっておこなわれたといえる。

ライヒからのユダヤ人の東方への移送は、一九四一年九月にはじめられていた。

列車運行数でみると、「デポルタツィオーン」のピークは一九四二年である。前年六月

デポルタツィオーンを記念するベルリン郊外グルーネヴァルト駅「17番ホーム」

の独ソ戦勃発とその長期化は、ナチが勝手に思い描いていたユダヤ人の東方への追放的移住のイメージを潰したが、四二年初頭の輸送逼迫と戦線崩壊の危機が乗り越えられると、ＳＳはきわめて積極的にユダヤ人の絶滅収容所への移送とそこでの殺害に取り組んだ。

　前年一九四一年秋から準備されていた「ラインハルト作戦」が翌四二年春にはじまり、ポーランド総督府のユダヤ人居住区・ゲットーが次々と撤去され、ベウジェッツ、ゾビボル、トレブリンカといった真新しい絶滅収容所への強制移送が開始された。銃殺による処理の非効率に対して、夏には毒ガスによる殺害が普及していく。

一九四一年八月にミンスクを視察したヒムラー自身が銃殺現場を見聞し、残虐な作業にあたる人員（アインザッツグルッペなど）の心身の負担の大きさを考慮するべきだと気づいたためだともいわれる。

このときヒムラー自身が、血と肉が飛び散る凄惨な光景にショックを受けて嘔吐したというのはどうやら誤伝らしい。だが、銃殺部隊の負担を軽減する、より「人道的」な殺害方法の開発が、ヒムラーのミンスク視察をきっかけに加速したことはたしかのようである。ヒムラーの視察には精神病院への訪問が含まれていることに、ドイツ史家の田野大輔は注目している。ドイツ国内では、ガスによる障碍者や精神病患者の「安楽死」をすでに大戦初期からおこなっていたのだ。

やがて東部、西部、アフリカなど全ての戦線で形勢が徐々に傾くにつれ、本来の「敵」であるユダヤ人に対して「勝利」を重ねている（形になる）ＳＳとその指導者ヒムラーの権勢が高まった。倒錯した論理というべきだったが、崩壊しつつある組織は、えてして、この種のロジックともいえないロジックに囚われがちなのかもしれない。

首脳陣はいかなる態度を取ったか

新交通省次官ガンツェンミュラーは、このヒムラーの要請によくこたえた。

収容所に向かう特別列車の運行は、ライヒスバーンの業務においてはきわめて小さなものにすぎなかった。

たとえばドイツ・ライヒ内のダルムシュタットからワルシャワ経由でトレブリンカ収容所に一〇〇〇人規模のデポルタツィオーンをおこなった場合、ライヒスバーンは往路で二万六四〇〇ライヒスマルクの収入を得たとされる。ワルシャワからトレブリンカまでだけなら、二一九三ライヒスマルクであった。

ガンツェンミュラー自身、ユダヤ人移送という業務には内心で嫌気がさしていたという秘書の証言も戦後にはある。だが、抜擢された三七歳の新次官はシュペーア、ヒムラーといった新たに台頭したライヒ政府の実力者に頼る必要があった。

だからＳＳ首脳陣への報告書やヒムラー本人からの督励の書簡といった形で、ライヒスバーン首脳陣のなかではただ一人、デポルタツィオーンへの個人の積極関与の証拠を残してしまった。

一方、ガンツェンミュラー新体制で象徴的存在として後ろに下がった観のあるドルプミュラー交通相・総裁以下、新旧とりまぜたライヒスバーン首脳陣は戦後、「ユダヤ人移送の実態については知らなかった」と口を揃えた。

彼らにしてみれば、首脳陣がデポルタツィオーン業務に批判的であったり、それをやめさせようとしたりすることなど考えられないではないか、といいたかったであろう。一介の鉄道員ならば配置換えがありえたとしても、自分たちは解職で済んだかどうかわからなかったのだ、と。

そこで、「知らなかった」といっても嘘にならない程度に、この問題には距離を置いて対処したのであろう。次官ガンツェンミュラーと本質的にたいして変わりがない態度であるといえた。

ゲシュタポの依頼でライヒ交通省鉄道第Ⅱ局（EⅡ）第二一課第一係が受け、各地の鉄道総局がダイヤを組んだ特別列車運行の実態は、「家畜車」「動く獄房」といった言葉で伝えられている。

ライヒスバーンの技術者ヴィッテの設計した「戦時機関車」五二形は、この特別列車を牽引する機関車として「ラインハルト作戦」の後半からよく使われるようになった。

それまでは第一次大戦前プロイセン邦有鉄道時代以来の大型機関車G八・一形であった五五形や、同じく第一次大戦中のG一二形からライヒスバーン成立後に番号を変えられた標準的な五八形機関車、どの路線でも使い勝手がよかった五七形などが混在していたが、大量に投入され、メンテナンスが容易な五二形が便利であったのだろう。

「死への特別列車」

特別列車は当初、移送者数一〇〇〇人を基準に編成された。一種の偽装の意味から三等客車が使われたこともあったが、貨車車輛が普通に用いられるようになる。一回の移送数も、一九四二〜四三年にはときに二〇〇〇人を超えて膨れ上がり、長大な車輛編成になることもあった。

移送列車は非常に時間をかけて目的地まで走った。最大時速四五キロと通常よりも速度を下げるのが普通であり、しかもダイヤ上で優先などされていなかったので、軍用列車の通行のために長い待機があるのは普通であった。

その間、明かり採りの窓以外はなく、ほぼ密閉されたに等しい車輛に詰めこまれた人びとの苦しみは、いや増した。座ることも満足にできない状態で、極端な寒さや暑さ、飢えや乾きが襲った。排泄の処理すらできない悪臭ただよう車内で、あきらかに体調を崩し、ときに死んでしまう者も出た。

ＳＳの制服の男が監視する武骨な列車に誰が乗せられているのか、沿線の住民はよく知っていた。車内のユダヤ人が鉄条網でふさいだ窓がわりの四角い穴から外をのぞくと、ポーランド人の農夫たちに「お前らはこうなるんだ」とばかりに自分の喉を手で切る仕草《しぐさ》をされた——という回想がある。

ベルリン・フリードリヒシュトラーセ駅前の記念像「生への列車・死への列車」

移送される人びとは停車のたびに明かり採りの窓から水や食料、あるいは子どもの救出をもとめた。だが、駅ではそれに応じる者も、応じられる者もいなかった。

疲れ果てて目的地の停車場にたどり着くと、選別が待っていた。少しでも長く生き延びるには、労働可能な壮年以下の年齢の男性であることがまず必要であった。長旅にいためつけられていると、労働に耐えないという印象を収容所の職員にあたえてしまう。すると、たちまち子ども、老人が大多数を占める列に回されることになった。即座の死をあたえられる人びとの列である。

絶滅収容所内で、それから何が起きる

のか、特別列車の運行にたずさわったライヒスバーンの鉄道員たちはよくわかっていた。一つの実例がある。

一九四四年夏、ポーランド系ユダヤ人でのちに高名な演出家になったミヒャエル・デーゲン（一九三二〜）は、ナチの手を逃れて潜伏中、ベルリン東部に住む、年配のある機関士にかくまわれた。

機関士は酔ったとき、「死の特別列車」の運行業務に従事したことをミヒャエル少年に語り、激しい罪の意識を吐露したという。戦後、デーゲンはこの話を公にしたが、機関士の実名をあかすことは避けた。

なお一九四三年四月一九日には、ベルギーのボールツメールベーク駅を通過しようとしたデポルタツィオーンの特別列車の扉が三人のレジスタンスの若者によってこじ開けられ、二三一人の移送者が救出ないし自力で脱出している。うち一四四名が捕まることなく、生き延びたとされる。「死への移送」への外部からの救出の試みは、「攻撃」の明確な記録が残っているものとしては、これくらいのようである。

第七章

総統専用列車

——ドイツ国鉄の崩壊（一九四五年）

「そして八枚帆の、大砲を五〇門積んだ船は、わたしと一緒に姿をくらますでしょう……」

空爆との対峙

一九四二年一〇月末、ドルプミュラー交通相は、西部の占領地域を視察する出張をおこなった。ドイツ軍占領下パリではホテル・リッツに泊まり、ディナーも楽しんだ。その献立表も公文書として残っているが、出張の主な目的はこのころにはすでに、駅防空壕など鉄道の防空対策の検討であった。

一九四二年になってから、ドイツは制空権を大部分失っていた。航空優勢を得た連合国軍の大規模爆撃は北部、北西部の諸都市から南部にまで及びはじめた。

ライヒスバーンはしばしば「第四の軍隊」と呼ばれた。戦略爆撃の対象になるのは避けられない。早い時期から、一部の列車には迷彩を施すなどしていた。

ドルプミュラーの視察からおよそ三ヶ月後、スターリングラードの敗北で戦況は決定的に傾いた。

そして、鉄道が空襲を防ぎきれるものではないことが、あきらかになってきた。

一九四三年はじめには英米空軍の合同爆撃作戦が開始された。この「ラウンド・ザ・クロック戦略（二四時間爆撃戦略）」をドイツ側では「空のテロル」と呼んだ。昼間は精密爆撃、夜間は都市住民に対する広範囲無差別爆撃によって、前年の爆弾投下量の五倍、二〇万トンが降り注いだ。一連の「空のテロル」によって、全住民の三分の一が何らかの被害を受け、五〇〇万人が疎開し、少なくとも三〇万人以上が死んだ。

春から初夏にかけて、ドイツ最大の工業地帯ルール地方に対する大規模爆撃がくりかえされた。第一回の「ルールの戦い」である。

一九四三年七月末には「ハンブルクの戦い」、通称「ゴモラ」作戦が実施された。旧約聖書に出てくる罪深い街ソドムとゴモラは、神の怒りに触れて滅びたとされる。ナチ経済のセンター、軍需産業の拠点とみなされたハンブルクは壊滅的な打撃を受けた。この大空爆では猛烈な火災嵐が発生し、大造船所で働く人々の住む労働者街を中心に、四万ないし五万人が逃れようのない灼熱の中で死んだ。

明けて一九四四年三月、英米空軍は、空爆の主目標として製油プラントとならんで鉄道をあらためて重視する方針を決定した。来る「Dデイ」すなわち連合軍ノルマンディー上陸作戦に備え、ドイツ社会・経済の「神経系」である鉄道路線を破壊し、上陸作戦に対するドイツの物資や人員の輸送を妨害しようというのである。連合軍内部には懐疑的な意見もあったが、ベルギーや北フランスの鉄路の徹底的な破壊は、ドイツ国防軍の移動を妨げ、上陸作戦にたしかに貢献した。

駅と操車場をねらうとき

一九四三年から四四年にかけての冬、空襲の激化とともに、すでに戦時輸送で疲弊しきったライヒスバーンには新しい仕事がまたできた。

空襲で破壊された都市から周辺の郊外や郡部に逃れた疎開者の多くは、依然として都市中心部の職場に毎日通勤する。ライヒスバーンはこれを運び、市バスや市電と連絡する短距離輸送にも力を入れなければならない。

もちろん車輌はすでに乏しく、やむなく貨車を改造して木製ベンチ・シートとダルマストーブを備えた五、六〇人乗りの通勤専用車輌とした。これを補助三等客車・開放連絡通路付すなわちMCiと呼んだ。

一九四四年六月のノルマンディー上陸の成功以来、連合国による空爆はさらに激しさを増した。九月には、連合国の戦略爆撃当局は、製油プラントに次ぐ重要目標として鉄道施設に集中的な爆撃をくわえることを重ねて決定した。

操車場、駅といった鉄道施設が戦略爆撃の主要目標として再確認されたことの意味は、ドイツの民間人にとって大きかった。製油プラントは都市部から離れているのが普通だったが、駅は都市の中心部にあり、操車場も都市郊外にある。鉄道施設への空爆は、市民・労働者の住居への攻撃につながらざるを得ない。

一九四四年一〇月にはじまった第二回の「ルールの戦い」では、民間人一万五〇〇〇人が死んだ。この月、英空軍の爆弾の八割が都市部に降り注いだ。

一二月半ばから、それまでやや散漫だった攻撃目標は、ケルンを中心に南北に弧を描く地域内の橋梁にまず絞られた。ドイツ軍の利用する鉄路の先端を、ライン川の向こう側に押しやるのが目的である。次の主目標は、このエリア周辺の操車場であった。

英国空軍を主力とする空爆部隊は、悪天候ともたたかいつつ、一二月には四万五〇〇〇トンの爆弾をライヒスバーンの線路や操車場、鉄道橋に投下した。これをピークに一一月から翌四五年一月末までには、計一〇万トン以上の爆弾が落とされた。これは戦争の全期間を通じてドイツに投下された爆弾重量の一三〜一四分の一にあたる（太平洋戦争中に日本本土に投下された爆弾の総重量は約一六万トン）。

ライヒスバーンの存在意義

ドイツ経済の中心軸ともいえるこの西部地域への空爆によって、ライヒスバーンが受けた損害の規模は正確にはわからないものの、猛烈な破壊があったことは明白である。それまで一日に三八〇本の貨物列車がルール地方を出発していたが、一九四四年一一月にはそれが一四〇本に減り、年末にはついに二、三〇本にまで落ちこんだ。石炭の搬出量は、たちまち前月比の五割となった。

操車場をはじめとする施設の破壊と鉄道業自体での石炭・石油燃料の欠乏で、西部ドイツにおける鉄道輸送はカオスに陥った。これは決定的な事態であった。

決定的、というのはナチス・ドイツにおけるライヒスバーンの最も本質的な存在意義が、ここに崩壊したといえるからである。

ライヒスバーンがドイツ経済において果たすべき仕事を、もしもただ一つだけあげるとすれば、ドイツ・ライヒ内における飛びぬけた資源供給地であるルール地方からの、石炭輸送だということになる。石炭やそれに由来する燃料を全国規模で工業地域や都市部に運ぶことこそが、二〇世紀前半におけるドイツ鉄道業の主要な経済的貢献であった——といいかえてもよい。鉄道は、出荷される石炭の九割を輸送した。

ナチス・ドイツは、エネルギー資源の輸送を軸とする一九世紀後半以降のドイツ経済の地理的・空間的構造をそのまま引き継いだ。一九三〇年代前半の世界大不況からの回復とは、結局のところ、ルール地方のエネルギー資源を利用した重工業の回復であった。

そしてナチス・ドイツの戦時経済も、ライヒスバーンによるエネルギー輸送の維持にかかっていた。敗勢が濃くなった第二次大戦最後の二年も、戦時計画経済をまわすために、ライヒスバーンによる石炭や石油・人造石油の輸送が死守されようとした。破壊された路線や施設の修理回復のため、シュペーアはまたしても大量の強制労働者を投入した。

だが、鉄道への空爆は執拗に繰り返された。

空爆はする側にとってもまた、危険な任務だった。英空軍爆撃司令部は各乗員に出撃三〇回を義務付けていた。無事にこの任務を全うできたのは、一九四三年には乗員の六分の一から五分の一程度にすぎなかった。一回の攻撃での損失率はときに二〇〜三〇%を超えた。全期間を通じ、爆撃機乗員数の四四%にあたる五万五〇〇〇人が戦死している。

一方、迎撃の戦闘機と高射砲による防護策にも限界があった。ブンカーと呼ばれるコンクリート製直方体の避難所が有名だが、大きな駅舎など公共施設には一〇〇〇キロ爆弾の直撃に耐える、四〇〇〇人収容の地下防空室も作られた。しかし爆弾の大きさは、やがて三〇〇〇キロを超えた。

爆撃を受けたドイツの死者は総計で四〇万とも五〇万以上ともいわれる。

西部ドイツの路線と通信網はついに寸断された。一九四四年末から翌年一月にかけ、ライヒスバーンもシュペーアも、ルール地方が陸の孤島となったことを認めた。

なお、連合国の空軍は戦略爆撃の効果を確認するため、アウシュヴィッツ・ビルケナウ収容所群の上空で偵察飛行と写真撮影を繰り返していたが、それらの中には、まさに列車から降ろされてガス室にむかうユダヤ人たちの姿がとらえられているものもあった。

すでに一九四二年ごろには絶滅収容所の実態にほぼ気づいていた連合軍は、ユダヤ人移送の列車への攻撃を検討したものの、しかし実行することはなかった。もっとも、仮に何らかの攻撃が実現したとしてもどのような形で成果をあげえたのかは、肝心のユダヤ人の安否も含めて、不明としかいいようがない。

敗戦へ

鉄道の終わりは、ドイツの戦争の終わりであった。

いまや鉄道がエネルギー輸送の任を果たせない以上、ドイツの戦争遂行能力の維持は不可能となった。石炭、コークスなどの供給がストップし、鉄鋼をはじめとする軍需生産は急速に低下した。

都市はじめ工業施設への空爆自体が無数の犠牲を出すとともに、生産力に打撃をくわえたことはたしかである。空爆は人的資源と物的資源の双方に打撃を与え、工場の生産性を落とした。頻繁な空襲によって作業は中断されるのが常になったし、何よりも数多くの労働力がうしなわれた。

軍需生産の維持をはかるシュペーアが地下工場の建設に夢中になったように、生産施設への攻撃自体からのダメージは、かなり減らすことができた。施設を隠蔽あるいは偽装して被害を回避し、たとえ被災してもすみやかな修復がおこなわれたのである。

しかし、鉄道、道路、運河などの交通インフラストラクチャーは、英国人がそう考えたように、経済の神経系、あるいは血管ともいえる。ルール地方からの資源供給という大動脈をズタズタにしたことで、空爆はナチ戦時経済を死に追いやったのである。

東部戦線における鉄道輸送の破綻は、攻勢にあった緒戦の数ヶ月においてすでに対ソ戦争の失敗を運命づけていたといえた。

それから数年をナチス・ドイツがもちこたえたのは、動員を支える戦時経済システムの強化による。鉄道によるエネルギー資源の供給こそは、その最大の裏付けであった。それが不可能になり、流通路の遮断で生産拠点間の連関が途絶えてしまえば、空爆を生き残った多数のプラントもただ沈黙するしかない。

そして西部における鉄道網の崩壊は、急速にライヒの全路線に拡大した。主要な操車場や鉄道橋と高架路線の損失にくわえ、電信・電話網も切断され、他地域との連絡は不可能となった。

ライヒスバーンは、一九四五年初頭には、統一的な運営がもはやできなくなっていた。

鉄路の分断、組織の崩壊

ルール地方をはじめとする西部ドイツにおける路線分断と輸送混乱は、ライヒ東部にも広がった。操車場の壊滅と燃料不足によって、各鉄道管区を越えた規模での列車運行は不可能になる。もはや急行は一本も走れない。

オペルン鉄道管区などの東部では混乱の連鎖や空爆禍にくわえて、東プロイセン、西プロイセン、ポメルンといった東部からの避難民の大量流入や国防軍の撤退、そしてソ連・赤軍の侵攻という問題が、輸送を麻痺させた。

一九四四年後半には、東部戦線のドイツ軍の全部隊はほぼ壊滅状態になっていた。四五年一月半ば、ソ連・赤軍は東プロイセンに侵入し、オーバーシュレージエンにも迫った。

ドイツ・ライヒ第二の産炭地を奪われれば、首都ベルリンのエネルギー事情は最悪のものとなる。頼みのオーデル河水路も攻撃を受けるなか、懸命の努力で石炭を運び、ベルリンの電力供給をなんとか維持した。

だがすでに、機関車を運行する石炭にも欠乏が生じていた。ライヒスバーンは、装甲列車などの、国防軍に対する兵器供給すら停滞しはじめたこの時点で、なお前年よりも機関車を増やし、予備もふくめて四万台を保有していた。だが、三〇〇〇台は燃料不足のため、もはや動かせないのであった。

仕方なく代替的な燃料として褐炭の使用に踏み切ったが、機関車への負担が大きく、目立つ煙をあげることで空爆の格好の標的となった。

シュペーアとガンツェンミュラーとの、すなわち一九四二年以降の軍需省と交通省・ライヒスバーンとの緊密な関係も、ルール地方の交通が崩壊しつつある四四年末にはもうあやしくなっていった。

シュペーアは現状の輸送破綻の原因をまたライヒスバーンの怠慢にもとめて、新官職「輸送全権委員」の設置をはかったが、ライヒスバーン首脳陣はこれに抵抗した。省益の主張と責任争いの不毛な交渉のなかで、「ドイツ国鉄」の地理的分断と崩壊は進んだ。

それはシュペーアの指揮する戦時経済の終末を意味した。資源供給の不足で軍需生産が停滞からストップにおちいった。ストックされた武器・弾薬さえ、前線の国防軍兵士の手に届けられなくなった。

軍事的目標になった駅など鉄道施設への空爆は、その間も苛烈をきわめていた。連合国爆撃司令部は、自国の鉄道人たちの路線・施設に対する豊富な知識を活用し、攻撃は工業施設に対するよりも巧緻で的確であったといえる。そのぶん被害は甚大となる。

亡命先で交通学を教える大学教師となっていたルートヴィヒ・ホムベルガーも、アメリカ合衆国の戦略調査局の一員として一九四二年以来働いていた。元ライヒスバーン理事会メンバーのレポートは古巣の弱点をあばき、とりわけ操車場の攻撃を主張するものだった。

都市近郊の操車場への空爆は、周辺にある労働者街にも爆弾の雨を降り注がせることになった。多くの死者が出たが、鉄道員や利用客だけではなく、駅に逃げこんでいた避難民がそこには含まれていた。また大量に投入されていた外国人労働者は防空壕に入ることができず、猛爆と業火のなかに放置されることも多かった。その生死は不明のままとされた。

収容所の閉鎖と「死の行進」

西部戦線では、一九四四年九月にライヒ本土防衛の前線に迫っていた連合軍が、年末の「バルジの戦い」におけるドイツ軍の最後の反攻を三週間で撃退し、周到な空爆のすえに、師団数で三倍以上ある兵力でドイツ国防軍に襲いかかっていた。

一九四五年三月、西部戦線はついに崩壊した。

東部戦線の決壊も急速にすすんでいた。一九四五年一月中旬、ドイツ軍の五倍以上の兵力をもつソ連・赤軍は、ドイツ本土への道をひらいた。ワルシャワ、ブダペストを制圧し、一月末にはドイツ国境を越えた。

シュレージエンの工業地帯が奪われ、戦時経済はついに絶息した。

二月にはポーゼン、東プロイセンなどの東部ドイツを手中におさめた赤軍は、オーデル川に築いた橋頭堡で急速な進軍を一旦停止した。兵站線を整えるためである。首都ベルリンとの間は、すでにわずか六〇～七〇キロでしかなかった。

ソ連・赤軍の侵攻にともない、ポーランド以東の各地の強制収容所・絶滅収容所は次々と閉鎖され、職員たちは証拠隠滅を図りつつ、遁走《とんそう》を開始した。収容所の引込線には車輛が置き捨てられた。収容者の射殺や移送、西への「死の行進」がはじまった。

アウシュヴィッツ収容所群では一九四五年一月半ば、収容者六万五〇〇〇人の大部分が徒歩での行進で西方への移動を開始させられた。月末、ＳＳがアウシュヴィッツ・ビルケナウの最後のガス室と焼却炉を爆破して退却し、赤軍が残された餓死寸前の収容者を発見した。

行進や無蓋列車での移送の果てにベルゲン・ベルゼン収容所に集められた生き残りの収容者たちは、過密状態で苛酷さを増した環境で、疫病と衰弱のためにさらに多くが死んでいった。ＳＳが撤退し、英国軍が収容所を解放したのは、四月一五日であった。

翌一九四五年四月一六日早朝、東部ドイツ・オーデル（・ナイセ）川の前線で赤軍の一斉攻撃が開始された。ベルリン攻防の前哨戦となるオーデル川近傍、ゼーロウ高地の戦い（四月一六～一九日）がはじまる。

ゼーロウはベルリンから七〇キロほど離れた街の名だが、起伏のある台地状の地形に位置していた。高台からは、オーデル川から広がる平原とベルリンへの国道を見下ろせた。国防軍はこの優位を利用して、首都への直進路をもとめて東から襲来する赤軍を迎え撃った。赤軍の戦車部隊にも相当の被害を出す、激戦となる。

このとき、装甲列車「ベルリン」も、ソ連戦車五〇輌以上を撃破した。だが、砲撃と低空爆撃によって損害を受けたうえに、南下する路線を敵軍に抑えられたことで立ち往生となり、やむなく戦場に遺棄された。

この戦いに参加した他の装甲列車四編成も、路線を喪失する前に首都防衛にむけて離脱することになる。

国防軍の必死の抵抗も、一〇〇万を超える敵の進撃をとめることは不可能であった。四月一九日、赤軍の前に立ちふさがるべき兵力は四散し、二〇日、赤軍の戦車がベルリン郊外に到達した。

ヒトラー、失意の鉄路行

ヒトラーはベルリンに帰還していた。前年（一九四四年）一一月二〇日、東プロイセンの総統大本営「狼の砦」からベルリンに戻ったのである。

専用の特別列車を使ってであった。「アメリカ」あるいは「ブランデンブルク」のコードネームで呼ばれる総統専用の特別列車が、大戦最初期につくられていた。〇一形一五〇‐二機関車などに牽引され、移動する総統大本営の役割も果たせるようになっていた。対空高射砲を備え、会議室と短波ラジオ・トランスミッターを備えた通信室をもつ指令車輛にSSの乗りこむ護衛車輛をつなぎ、プレス・ルーム、食堂車のほか客室、寝台車を二輌ずつもつ豪華列車であった。

このとき、ヒトラーは夕闇にまぎれてひそかにベルリン入りするつもりで、昼間に列車を走らせている。

総統副官マルティン・ボルマン（一九〇〇～四五）はじめ女性秘書や医師を含む多数のスタッフを詰め込んだ特別列車は、秋晴れのなかで森をぬけて走った。しかしヒトラーの車輛には覆いがかかり、日光を遮っていた。

コンパートメントの薄暗い灯りの下にヒトラーは座っていた。目に見えて気落ちし、ぼんやりとしていたという。昼食の席でも皿やテーブルクロスにうつろな視線を落としがちであった。

夕七時、心配された敵機の攻撃もなく、ベルリンに到着。本来の東からの列車の玄関口である市内のシュレージエン駅（現在のベルリン東駅）はすでに空爆で破壊されていたため、郊外のグルーネヴァルト駅で下車した。総統を乗せた自動車は闇の中、空爆の被害がそれほど目立たない街路を選んで走った。首相官邸は、主人の不在中にすでに荒れはじめていた。

ヒトラーは西部戦線の指揮のため、すぐに一二月一一日には、西部戦線近くのツィーゲンベルクにトット機関がつくっていた森林地帯の新しい総統大本営（「ワシの巣」）に移った。

しかし西部戦線での反攻の望みが砕け、東部戦線が崩壊しつつある一九四五年一月一五日夜には、また特別列車に乗りこんだ。このときが総統専用列車を用いる最後となった。車内で、一行は冗談をいいあっていた。ひとりが、「ベルリンは大本営としてはとても便利だ」と、ブラック・ジョークを口にした。「もうじきUバーン（地下鉄）で東の前線から西の前線まで行けるようになるから」。まだヒトラーも、これに笑ったという。

翌朝九時、ベルリン到着。ひっそりと官邸に戻る。

破壊命令

首相官邸は一九四五年二月三日の大空襲で壊滅的な打撃を受けた。ヒトラーは官邸庭園につくられていた巨大な地下壕で生活するようになった。

一九四五年三月一九日、ヒトラーは後世が「ネロ指令」とも呼ぶ、焦土化命令を出した。「軍用輸送機関、通信手段、施設、産業施設及び補給所と、敵に即刻あるいは近い将来利用されるライヒ領内の資産は、すべて破壊すること」を第一項とする。

敵の手に有用な施設を渡してなるものか、というヒトラーの怨念の現れである。また、もしもドイツ人が敗戦後これらの施設が復興に使えると甘く考えていたら大間違いだ、と自国民に不吉な予言を吐くものであった。

間近に迫った敗戦への絶望に打ちのめされながら、地下壕のヒトラーはすでに、後世に語られるべき歴史の中で自分とナチがどのように評価されるかに主な関心をむけはじめていた。ユダヤ人と共産主義に対する戦いの歴史の中で、殉教者として位置づけられるはずだと考えていたようである。

その自分に死が迫っている以上、敗戦後のドイツと国民は自分とともに滅ぶべきだという思いにとりつかれてもいた。総統死後もゲリラ戦によって徹底抗戦せよと命じたのも、完全な破壊をむしろ望んでのことだったようである。

鉄道はもちろん、この「ライヒ領域における破壊作戦に関する命令」の対象である。したがって、ナチス・ドイツにおける最後の交通政策・鉄道政策とは、その徹底破壊であったということになる。

シュペーアは、このとんでもない「ドイツ民族への死刑宣告」を実行させないように、いかに自分がひそかに奮闘したかを、戦後の回想録に熱心に記した。

ライヒスバーンもまた、命令を事実上黙殺している。ドルプミュラーやガンツェンミュラーのような鉄道人にとって到底受け入れられたはずがない、というのが一つ。もう一つは、そもそも鉄道施設の破壊は敵の攻撃によってかなり進んでいたことがある。

そして、いま一つの理由は、そんな破壊命令を実行しようにも、すでにベルリンの交通省・ライヒスバーン本社が把握できている鉄道局がほとんどなくなっていたというところにあった。ほぼ九割の鉄道管区はすでに敵の手中にあった。

ヒトラーの誕生日にあたる四月二〇日、ライヒスバーン最後の会議が、戦災が生々しい官庁街ヴィルヘルム・シュトラーセの、ヴォス・シュトラーセ角にある交通省庁舎で開かれた。

ベルリン市内中央部への砲撃がはじまっていた。空爆ですでに市街の大半が瓦礫の山となったベルリンを防衛するのは、かき集められた国民防衛隊の老兵や少年兵をふくめて九

ベルリン攻防の市街戦後の国会議事堂（1945年、英軍撮影）

万にみたない兵力であった。赤軍のベルリン包囲が開始された。

敗戦のベルリン

このとき、まだライヒスバーンの管轄下にあったのは、ベルリン、ドレスデン、シュヴェーリン、ハンブルクの四鉄道管理局だけである。それも長くは保つまい、というのは、文字通り絶え間ない赤軍の砲声が響く中では、ドルプミュラー交通大臣以下、だれにもあきらかであっただろう。

翌二一日、交通大臣は他の閣

僚とともに総統に最後の挨拶をした。首都離脱を許された閣僚たちのひとりであり、急いでベルリンを脱出した。

四月二四日、赤軍によるベルリン市包囲が完了。激しい市街戦の果てに赤軍は市中央部を制圧し、総統地下壕の近辺にまで迫った。

四月三〇日、双方の軍勢だけではなく市民にも莫大な被害が出ているなか、総統地下壕内ではヒトラーが自殺した。五六歳。五月二日、ベルリン防衛軍司令部は降伏した。

ナチス・ドイツがヨーロッパにもたらした死者の数は、およそ四〇〇〇万人（行方不明者を除いて）に及んだ。

空爆と地上戦の結果、首都ベルリンはじめ主要都市はほぼ壊滅していた。各地で、占領軍兵士による民間人への容赦ない暴行と略奪がはじまっていた。生き残った市民たちは、瓦礫の下からたちのぼる猛烈な屍臭《ししゅう》にも悩まされることになる。

ベルリン攻防戦後、残存の装甲列車の多くは、ドイツがまだ占領していた地域に転進した。敗戦後は、そこからも逃れなければならない。一九四五年五月五日に起きたチェコにおける占領ドイツ軍に対する民衆蜂起では、駐屯中の装甲列車部隊は、自発的に戦闘を避けて逃走した。

「捕まるのならアメリカだぞ」と考えた、この装甲車輛の乗組員たちは懸命に前線の米軍占領地帯をめざした。だが境界線通過は許されず、ソ連軍捕虜になることから免れなかった。生死のはざまにある苛酷な捕虜生活がはじまる。

敗戦まで生きのびた装甲列車は、わずか一八編成だったといわれる。

ドルプミュラーの死

ドイツ・ライヒスバーンは、北ドイツ・ホルシュタインのマレンテに職員用の保養施設をもっていた。ドルプミュラー総裁、ガンツェンミュラー副総裁の一行は、自動車でまずはそこに入った。

それからほどなく、総統「戦死」の報が届いた。後継者として海軍元帥カール・デーニッツ（一八九一〜一九八〇）が指名されていた。

ドルプミュラーは総統死後の後継内閣で交通大臣と通信大臣を兼務することになった。デーニッツが南シュレスヴィヒのフレンスベルクに構えた内閣に参加する。だが無条件降伏したドイツの後継政府を連合国は認めず、閣僚の大半は五月二三日に逮捕された。

ここにドイツ国家はいったん消滅した。ドイツは連合国占領軍の分割統治に引き裂かれることになる。

ドルプミュラーは、ただちに拘束されるべきナチだとは、連合国によって判断されなかったようである。逮捕を免れ、マレンテに戻った。ガンツェンミュラーは逮捕済である。ドルプミュラーと残るライヒスバーン首脳陣は、連合軍によってすぐにパリに召喚された。しかしそこでは、ドルプミュラーは米軍の軍事鉄道サーヴィス（M・R・S）の長カール・グレイ・ジュニア（一八八九〜一九五五）と面会し、歓迎に近い対応を受けた。

鉄道会社の重役出身のグレイは、米軍分割占領地区の鉄道再建のため、鉄道界で国際的に著名だったドルプミュラーをフランクフルトに派遣することを考えた。

ドルプミュラーは喜んでそれに応じるつもりであった。パリ郊外にはシュペーアら他の官吏や経済人たちも軟禁ないし半軟禁にあったが、ドルプミュラーは六月中旬にはまたマレンテに戻れた。西部ドイツの鉄道業再建という任務が連合国によって与えられたと、本人も周囲も確信していた。

「さあ、これからだ！」とばかりに、ドルプミュラーは手に唾する思いだったようである。ドイツ鉄道業の生存を確保し、かつての栄光を取り戻す戦いは、老人の中では決して終わっていないようであった。先年から患う大腸癌《がん》の三度目の手術を受けたのも、健康を完全に回復してフランクフルト派遣にそなえるつもりであっただろう。

だが、術後の栄養摂取がうまくいかず、急激に衰弱した。七月五日、昏睡状態のまま死亡。下旬には、七六歳の誕生日をむかえるはずであった。

象徴的な存在であった総裁の死によって、戦間期以来のドイツ・ライヒスバーンは組織としても完全に崩壊したといえる。

鉄道人たちのその後（1）――三人の副総裁

ドルプミュラーの副総裁を経験した三人のうち、二人は敗戦直後に死んだ。いずれも不自然死である。

前副総裁ヴィルヘルム・クラインマンは、シュペーアによって退官に追い込まれたのちもベルリンで第二の人生と官舎にありついていたが、戦後、ベルリンを占領したソ連・赤軍によってたちまち逮捕拘禁された。おそらくは厳しい取り調べの末に死亡している。

そのクラインマンに「強制的同質化」の社内粛清で追いだされていた元副総裁が、ヴィルヘルム・ヴァイラウフであった。敗戦後ようやく本来の鉄道業務に戻り、占領下ベルリンの鉄道運行を任される。しかし彼もまた、すぐにソ連占領軍の手で逮捕され、拘留中の一九四五年中に死亡している。

ナチによって失脚したヴァイラウフがナチ同様に逮捕されるのは不当であったが、ソ連占領軍は即刻拘禁すべき人間の範囲をきわめて恣意的に拡大していた。ナチ活動家だけではなく、なんらかの責任ある立場についていたり、ときにはただ裕福であったりしただけで、「ナチ」であるか、あるいは占領政策に抵抗する危険人物だとされた。

それはソ連占領下の中東欧全土で共通した態度であった。ソ連の指導下にある共産主義者の独裁的体制を各国でつくり、スターリニズム・ソ連の支配を固めようとしたのである。国鉄運営という民生部門の責任者で、しかももともとドイツ社会民主党に近いヴァイラウフも、こうしたソ連の過酷な占領政策の標的にされ、命を落とした。

ドルプミュラー総裁の三人目の副総裁、前交通省次官ガンツェンミュラーは、隠れもないナチであり、いずれの占領区にいようと逮捕訴追は免れない立場にあった。

しかし五月に逮捕後、一九四五年末には南ドイツの捕虜収容所を脱走し、イタリアなどに潜伏後、四七年には南米アルゼンチンに逃亡した。ここで独裁的なファン・ペロン政権で鉄道業に関する諮問役をつとめていたが、政権崩壊後、五五年になって(西)ドイツに帰国した。六八年まで鉄鋼メーカーに勤務し、引退した。

元SSのヴォルフが一九六四年にユダヤ人移送にかかわる残虐行為への関与で懲役一五年の刑を受けたため、そのカウンターパートであったガンツェンミュラーにも注目が集まる。ユダヤ人大量虐殺の幇助をめぐる罪にあらためて裁判で問われたのは、七三年であった。

ガンツェンミュラーは、自分をふくめて当時のライヒスバーン幹部はホロコーストの実態について関知するものではなかったと、法廷で主張した。直後に心臓病に倒れる。高齢の被告の健康状態を考慮して、裁判は中止。ガンツェンミュラーはミュンヘンで余生をおくり、一九九六年、九〇歳で死亡した。

鉄道人たちのその後（2）——旧ライヒスバーン幹部

「ライヒスバーンの灰色の枢機卿」でありながら苦汁をなめたマックス・ライプブラントは敗戦後、分割された英国占領区のライヒスバーンのリーダーとして、路線再建に取り組んだ。四ヶ国の占領軍統治ごとに分裂したライヒスバーンの不透明な将来をおそらく案じていたが、一九四六年没。

　後年のシュペーアは、自分はライプブラントの能力を高く評価していたし、ベルリン都市改造計画で一緒に働くのは楽しかった、などといっている。ではなぜ解職したのですか、と鉄道史家アントン・ヨアヒムスターラーに問われ「彼は年をとりすぎていたし、もっと若い力で仕事をしたいという私の考えは知られていたからね」と答えた。ちなみに、このインタヴューは一九八〇年におこなわれ、シュペーアは当時七五歳であった。

　シュペーアはニュルンベルク裁判で戦犯として裁かれ、かろうじて死刑を免れたが、懲役二〇年の刑を受けた。一九六六年に満期出所でベルリン・シュパンダウ刑務所を出獄したのちは、獄中でひそかに執筆していた回顧録をまとめて出版、これは世界的なベストセラーになった。講演などでは、非政治的なテクノクラートとしてヒトラーに利用された自分の過去を反省してみせることで、西ドイツ社会においてある程度受け入れられた。

ただし、ユダヤ人虐殺や外国人強制労働の大量使用については関知しなかったという態度を貫いた。ヨアヒムスターラーのインタヴューを受けた翌年、英国の愛人の家で心臓発作に倒れ、死亡した。

○五形機関車などを設計したリヒャルト・パウル・ヴァーグナーは戦時中に強制引退の身だったが、戦後、一九四六年には請われて米英共同占領区で鉄道再建に短期間従事し、四七年に今度は本当に引退した。

ライプブラントは混乱期に世を去り、ヴァーグナーはすぐに国鉄勤務を退いたが、多くの旧ライヒスバーン幹部は「その後のライヒスバーン」を生き抜き、西ドイツ国鉄においても指導的な鉄道人としてはたらいている。

ポーランド占領後、当初はなかば独立的だった東部鉄道の長官に就任したアドルフ・ゲルタイスは、デポルタツィオーンの当事者ともいうべき立場にあったはずである。だが、戦後は一九四八年からビーレフェルト鉄道管区の責任者となり、五〇年に成立した共同占領区のライヒスバーンでも要職にあった。西ドイツ国鉄・ブンデスバーン（ドイツ連邦鉄道、

ＤＢ）副総裁までのぼって五二年、無事定年退官した。五〇年代、伝統ある鉄道技術専門誌の復刊に力を尽くしたことでも知られる。

戦時機関車の大量配備に尽力したフリードリヒ・ヴィッテも、ベテランの鉄道技術者としてブンデスバーンに奉職した。敗戦直前に、ライヒスバーン中央局の同僚たちと西部ドイツ・ミンデンのライヒスバーン修理工場（ＲＡＷ）に逃れると、そのまま西側占領区にとどまった。西ドイツ建国後は、末期の蒸気機関車設計・製造にたずさわった。一九五七年、ミンデンにあったブンデスバーン中央局の副局長に就任。引退生活に入ったのは六五年であった。

鉄道人たちのその後（3）——技師・東方労働者・捕虜

ところでヴィッテの名は、日本の好事家の目にもカタカナで比較的早くに触れているはずである。

一九七一年に三〇〇〇部が限定出版された豪華本、篠原正瑛編『全盛時代のドイツ蒸気機関車』には、「在職中から退職後にわたってドイツの蒸気機関車にかんする貴重な資料を提供されたほか、とくに本書のために序文〈ドイツの蒸気機関車の歴史〉をよせられた」として「前ドイツ連邦鉄道ミンデン総局次長兼蒸気機関車部長　フリードリヒ・ヴィッテ」への謝辞がある。ヴ(ウ)ィッテの序文(篠原・訳)はドイツにおける鉄道誕生の一八三五年から語り起こすが、ライヒスバーンの時期にも当然触れる。

ナチ期のはじめ一九三五年をとくに回想して、「当時のドイツの指導的な政治家たちの間からも少なからぬ熱意のほどが鉄道に対して示されていたのであるが、にもかかわらず、当時すでに鉄道の将来には一抹の暗いかげりがさしはじめていた」と書いた。

そして、直後にヒトラーに追放された交通大臣エルツ=リューベナハの名と一〇〇周年式典での演説を紹介したが、ヒトラーやシュペーア、あるいは純然たるナチだった二人の副総裁はもちろん、自分が長く仕えた総裁ドルプミュラーの名もそこにはない。ドルプミュラーは戦争に突入した時期の交通大臣で「指導的な政治家たち」の一人であったはずだが、「政治の責任者たち」の一人としてもいっさい記していない。理由はわからない。

戦時期の機関車増産については、自分の名は出さずに業績として評価した。戦時中についての記述は少ないが、次のようにある。「今日においてもそうだが、あの当時、広大な地域を支配するために鉄道がいかに重要な手段であるか、ということの認識があまりに遅かったのである」。

超高速列車の開発でヴィッテらライヒスバーン技術者とときに競い合い、ときに協力したフランツ・クルッケンベルクは、戦後も鉄道高速化にとりくんだ。

西ドイツ国鉄・ブンデスバーンと協力し、戦前に設計したSVT一三七－一五五のアイディアを発展させ、一九五〇年代には「セネター」（昼行車）と「コメット」（夜行寝台車）の愛称で知られることになるディーゼル動車VT一〇・五を開発、実用化した。VT一〇・五自体はメンテナンスの難しさからそれほど長くは使われなかったが、その設計思想はのちのスペインのタルゴ特急などにも受け継がれ、後世への影響力をもつ名車であったといえる。

超広軌鉄道の実質的な責任者だったギュンター・ヴィーンズは、一九四四年八月の「ワルシャワ蜂起」の後、赤軍の侵攻におされる形で東部ドイツに逃れた。さらにマレンテに避難したところで、敗戦をむかえている。

一九四五年夏には東部鉄道の元高官としてケルンで拘束され、収容所で四六年まですごした。釈放後いったん退職するが、四七年、ライヒスバーンに復職。ブンデスバーンの指導的な技術職員として、列車の高速化に貢献した。六六年に国鉄退職後も、民間の鉄道技術者として活動をつづけた。七五年没。

ヴィーンズがまとめた苦心の超広軌鉄道計画の「覚書」や計画書「A～E」は、戦後、ひとの目に触れることなくほぼ忘れられていた。

これを発掘した鉄道史家ヨアヒムスターラーはすでに触れた戦後のインタヴューの席上、シュペーアにその冊子をみせている。老人はひどく驚き、「こんなものがあったのか？」と問い返したという。シュペーアの記憶からも、昔一度は目にしたはずの冊子の存在は消えていたのかもしれない。

ライヒスバーンの現場には、強制的な労働に耐えていた多くの人びとがいた。彼らについて、つけくわえておこう。

「東方労働者」や強制労働に従事させられた捕虜たちは、ドイツ敗戦後、解放されて故郷であるウクライナやベラルーシなどに帰還できた。

だがこの人びとは、スターリン体制下のソ連国内で再び絶望的に厳しい状況に向きあわされることになった。「裏切り者」「危険分子」扱いを受けて警戒され、再教育と遠隔地への追放、さらに強制労働が待ち受けていた。収容所労働からの解放後も、ナチス・ドイツのために働いたという経歴から、戦後ソ連社会でさまざまに公的な差別を受けた。

おわりに

「ナチス・ドイツ」は一九三三年一月三〇日月曜、アドルフ・ヒトラーの首相就任ではじまり、四五年四月三〇日の同じく月曜、この独裁者が第二次世界大戦敗北のなかで死ぬまでつづいた。

その間、一二年と九一日。このわずか四四七四日が、大げさではなく人類史上にほぼ永遠に影響を与えつづける、決定的な歴史的時間となった。

第二次世界大戦は二度目の欧州大戦としてはじまったが、ナチス・ドイツという存在が現在も決して消えない刻印を残したといえるのは、ドイツや欧州全体に対してだけではない。新旧の大陸の端まで、あるいは南半球の諸地域にも、つまりはほぼ世界中であったといえる。

アメリカ合衆国、当時のソ連（ソヴィエト・ロシア）はいうまでもなく、日本と中国が戦い続けた中国大陸や、太平洋戦争の戦場となった広大な地域が、それにあたる。第二次世界大戦の戦場になることを免れた南米諸国にすら、千年王国ならぬ「一二年王国」（ハンナ・アーレント）だった「ナチス・ドイツ」の影は落ちた。

その後のドイツ国鉄について概観しておこう。

ライヒスバーンの受けた戦災は正確には把握されていないが、西側では機関車の三五％、貨物車輌の二五％、客車の六五％が運行不能に陥っていたという。空爆の目標とされた路線や橋梁、各種設備の損耗はもちろん甚だしかった。

懲罰的な現物賠償の対象になったこともあるが、石炭はドイツでは欠乏状態におちいった。鉄道路線の復興が遅れ、ルール地方などからの輸送が回復しなかったためである。戦後の冬は深刻なエネルギー不足に見舞われることになる。とりわけ都市部は飢え、凍えた。

一九四五年七月中旬から八月初頭にかけて、ベルリンの隣町ポツダム郊外で、連合国首脳が会談し、占領政策に関する合意をみた。この「ポツダム会談」により、ドイツは戦勝国である米ソ英仏により分割統治されることになった。

ライヒスバーンもまた、占領区ごとに鉄道管区が再編され、分割されることになった。ポツダム会談では米英ソが占領下ドイツにおける鉄道の共同統治機関を早急に設立すべきだという考えに傾いていたのに対して、フランスがこれに強硬に反対したためであるともいわれる。

一九四五年七月一九日、米占領区には、各地の鉄道管理局を統括する上級営業管理局（OBL）がフランクフルトにすでに設置されていた。これにならい、英国は八月二〇日に「ライヒスバーン・中央理事会」をビーレフェルトに設置した。ソ連はベルリンに「ライヒスバーン中央管理局」を置き、鉄道行政を担わせた。

これらは一応ドイツ人が実際運営にあたっていたが、フランスはフランス人職員を配置し、占領区の「南西ドイツ運営統合体」やザールラントでは直接統治をおこなった。米ソの対立が深まると、ライヒスバーン統一管理の希望は遠のいていった。

一九四六年、米英占領区は「統合経済地域」を形成、鉄道管理も徐々に共同化されていく。だが、この時点でもなお完全な統合は遠かった。

東西冷戦の高まりのなか、一九四八年六月にはソ連占領軍が「ベルリン封鎖」によって、西側に向かう道路と鉄道をすべて遮断する事件が起きる。旧首都ベルリンの西側占領区が陸の孤島となったが、アメリカ合衆国はこれに大規模な物資の空輸で対抗し、ソ連・スターリンに封鎖を解除させた。

ドイツの東西分断を決定的にする出来事だったが、この前代未聞の「空の架け橋」作戦では、さまざまな空輸のノウハウが得られた。それらはその後の商業輸送でも生かされ、鉄道輸送をやがて脅かすものとなる。

一九四九年、ドイツは東西でそれぞれに建国する。五月、西側占領地区ではドイツ連邦共和国（西ドイツことＢＲＤ）が成立。一〇月、ソ連占領地区ではドイツ民主共和国（東ドイツことＤＤＲ）が建国を宣言した。


それはライヒスバーンの分割も意味した。

西ドイツ国鉄は、九月に新しい政体を意識した「ドイツ・ブンデスバーン（ドイツ連邦鉄道、ＤＢ）」の名を連邦議会の委員会によって与えられた。

東ドイツ国鉄は「ドイツ・ライヒスバーン（ＤＲ）」の名をそのまま使用する。旧ライヒの首都ベルリンの占領政策上きわめて特殊な地位が、ここに影響していた。東ドイツ国鉄は分割占領が続くベルリンに本拠を置き、ベルリン西部にも走っていた市内電車Ｓバーンを運営しなければならない。占領軍が接収し、後継国家が引き継ぐべき「旧ライヒ資産」として台帳に「ドイツ・ライヒスバーン」の名は生きていた。

影響力を西側占領区にも及ぼし続ける意味から東西分割を必ずしも望まないソ連のスタンスと、唯一のドイツ人民の国家としての正統性を主張する東ドイツ政府の意図も、ここには働いていたとも考えられる。食堂車サービスの会社「ミトローパ」などの名称も、Ｄ

Rのほうに長く残った。

DBとDRという二つのドイツ国鉄がたどった道をとりあつかうには、また別の叙述が必要だろう。二つの国鉄は、一九四九年という出発点以前からはじまる大きく異なった条件下にあった。そして冷戦下、経済システムの異なる東西ドイツのそれぞれの社会で、やがて、それぞれに随分違う問題に悩むことになる。

西ドイツにおいては、モータリゼーションと空路の発達が鉄道の公共交通機関としての地位を低落させ、DBは累積赤字に苦しむことになった。東ドイツにおいては鉄道の輸送機関としての地位は揺るがなかったが、「ソ連帝国」の圧迫が常にあるなか、社会主義経済の停滞でDRは設備の近代化が大きく遅れてしまった。やがて一九八〇年代には、放置気味のインフラの劣化は危険な状態となっていた。

一九八九年、東欧自由化運動のなかで、ベルリンの東西を三八年にわたり物理的に隔てていた「ベルリンの壁」が崩壊した。東ドイツの一党独裁体制が同時に倒れた。

その時ですらも思いもよらなかった早期の東西ドイツの再統一が、翌一九九〇年に実現した。

統一されたドイツ連邦共和国は、DBとDRという二つの「国鉄」を同時にもつことになった。DBは巨額の負債を抱えて経営難に苦しみ、DRは設備の現代化を徹底的に欠いて悲惨な運行状況にあった。民営化を前提に、両者の統合が計画される。

冷戦の終わりとともに、二〇世紀前半という革命と戦争の時代の産物であった「ドイツ・ライヒスバーン」の名も消えていくことになった。

数年間の準備を経て、一九九四年、ＤＢとＤＲは統合し、連邦特別財産という公社的な存在から民営化され、国が一〇〇％株式を保有する「株式会社ドイツ鉄道（ＤＢ ＡＧ）」が設立された。

このとき、「ドイツ・ライヒスバーン」は名実ともに地上から姿を消した。第二次世界大戦が終わってから、半世紀が経とうとしていた。

いま、戦争の傷は八〇年の年月とともにさすがに癒えただろうか。

ナチス・ドイツの被害者への償いという重い問題を思い出せば、そうはいかないことがすぐにわかる。だが、そればかりではない。

中世以前の一〇〇〇年にもおよぶ「ドイツ史」全体が、ナチ時代という、突出した、しかしごく短期間にすぎない一二年間を抜きにしては、なかなか語り得ないものになってしまった。

いかなる時代のいかなる局面、いかなる要素も、どこかでひょっとすると「ナチス・ドイツ」の前史として分析されてしまうのだ。まるで、ドイツ史にはナチとヒトラーを生み出した社会の歴史として以外には意味がないかのようである。

中世ドイツ騎士団や神聖ローマ皇帝を名乗るドイツ王たちやプロイセンのフリードリヒ大王や一九世紀の鉄血宰相ビスマルクの政治のなかに、ナチとヒトラーの因子が探される。

これは一九三〇年代・四〇年代には、ナチス・ドイツ自身がそう仕組んだことではあった。「第三帝国」というのは、第一や第二の帝国（神聖ローマ帝国やドイツ帝国）を継ぐ、ドイツ史における究極的な存在を自称したのである。

軍部や単一政党の独裁を経験した他国には結局、ナチス・ドイツやヒトラーとまったく同じものは出なかったから、ヒトラーを生んだのはドイツ史の特異性、あるいは市民革命による民主主義体制の実現というノーマルな道からの逸脱だと考えられるようになった。この点（「ドイツ特有の道」）をあきらかにするのが、二〇世紀後半のドイツ社会をあつかう歴史学の重大な任務だとも、ある時期まではされたのである。

「ドイツ特有の道（特殊な道）」テーゼは二〇世紀の一九八〇年代には学術的な批判を受けた。ドイツが「特殊」だとしたら、たとえば英仏が正常だということになるが、そうした見方は正しいのか――という疑問が（当の英国の歴史家たちから）あがり、国際的な論争となる。

結果として、たとえばドイツの「市民層」の特有性とは何かを国際比較でつきとめよう、といったプロジェクトをうみ、互いに相手の主張を受け入れたから、これは生産的な論争ではあった。

いまは「英国の特有の道」論といった、特定モデルからの逸脱ではなく各国・各地域の特徴を重視する歴史観も主張されているし、中世に起源をもつヨーロッパ社会全体の歴史的経験の特徴を探る「ヨーロッパの特殊な道」論も、グローバル・ヒストリーの流れのなかで台頭してきた。

だが一方で、一九九〇年代初頭の「ドイツ再統一」をむかえて、ドイツでは「特有の道」テーゼをふまえた『西への長い道』という分厚い史書がベストセラーになった。邦訳タイトルは意を汲み取って、『自由と統一への長い道』。ドイツには「西」すなわち西欧的理念である自由と民主主義の優越する社会とは異なる歴史的経験があったという実感は、ことあるごとに世代を超えて反芻《はんすう》される。

そうした実感の核には、自他ともに忘れがたいナチス・ドイツの一二年間がある。

ドイツ国鉄にとってそうであったように、いや、株式会社ドイツ鉄道こと「ＤＢ　ＡＧ」

となったドイツ鉄道にとって今もそうであるように、私たちにとっても、ナチス・ドイツは遠い過去にはなりえないのかもしれない。

いま、「ＤＢ」の本社ビルはベルリンのポツダム広場にある。戦前のヨーロッパ有数の繁華街は戦災で焼かれ、冷戦時代には「壁」の建設によって巨大な無人地帯として荒廃したが、再統一後の一大開発で生まれ変わった。高層建築の林立する、ドイツでは珍しい風景が出現する。ガラス張りのＤＢ本社も、その現代的なビルディング群のなかのひとつである。

しかし未来建築のような本社ビルの正面玄関には、緑と白の色も褪せて古びたＳバーンの標識がガラスの向こうに展示されている。これは一九三〇年代末から再開発開始の直前まで、このポツダム広場に半世紀以上立ち続けていた、市街電車の入り口を示す標識であるという。

ナチス・ドイツの戦争とそれがもたらした荒廃を、この物いわぬ標識は見続けた。未来の鉄道をめざすはずの大企業であるＤＢは、この過去の遺物を飾ることで、なにごとかを忘れないように努めているのだろうか。

それとも、ドイツの鉄道の戦いが、まだ終わっていないことの、これもその証《あかし》だとでもいうのだろうか。

日常の必要や愛憎というものがある以上、自分たちの「戦い」というのが平和の中にもあるのは避けがたい。しかし、それにかまけているうちに、巨大な規模の「戦争」にリンクされてしまい、気がつけばとてつもない場所で、あらぬ相手と戦わされている自分に気づかされる。そんなことがまた起きないともかぎらない。

それは何も、（客観的にいってそんな将来の可能性はごく低いといえる）ドイツの鉄道についてだけ心配すべきものではないだろう。

そうした意味でも、私たちの生きていく現代は、「ポスト・ナチ時代」であることを決してやめないのである。

・超広軌列車車内イメージ(左)

Joachimsthaler, Anton, *Die Breitspurbahn: Das Projekt zur Erschliessung des gross-europaischen Raumes 1942-1945*, Herbig,1985, p.227.

第六章

・鉄道犂(レール粉砕機)

Bundesarchiv, Bild 101I-279-0901-31/Wehmeyer/CC-BY-SA 3.0

・東部戦線で使われた装甲列車

Bundesarchiv, Bild 101I-639-4252-19A / Zwirner / CC-BY-SA 3.0

・ライヒスバーン修理工場で働く女性労働者

Deutscher Reichsbahn=Kalender 1943

・デポルタツィオーンを記念するベルリン郊外グルーネヴァルト駅「17番ホーム」

著者撮影

・「生への列車・死への列車」ベルリン・フリードリヒシュトラーセ駅前の記念像

著者撮影

第七章

・ベルリン攻防の市街戦後の国会議事堂

https://commons.wikimedia.org/wiki/File:Reichstag_after_the_allied_bombing_of_Berlin.jpg

・ベルリン郊外のアウトバーン建設現場
Bundesarchiv, B 145 Bild-020683 / CC BY-SA 3.0 DE

第三章

・鉄道100周年記念パレード
Sueddeutsche Zeitung Photo / Alamy Stock Photo
・当時の世界最高速を記録した〇五形〇〇二号と同形の〇〇一号機関車
Bundesarchiv, Bild 102-16694
・シュペーアによる「世界首都ゲルマニア」計画模型
Bundesarchiv, Bild 146III-373 / CC-BY-SA 3.0

第四章

・ドイツ軍占領下パリ東駅でのドルプミュラー訓示とナチ式挨拶
Bundesarchiv, Bild 146-1995-050-35A
・酷寒に苦しむ五五形機関車
Bundesarchiv, Bild 183-N1213-371

・第五章

・「旅などするな！」と書かれた戦時中のライヒスバーンのポスター
Bundesarchiv, Plak 003-023-064
・戦時機関車五二形のモデルとなった五〇形二九〇五号
Brooksbank / CC-BY-SA 4.0
・アルベルト・シュペーア
Bundesarchiv, Bild 146II-277 / Binder / CC-BY-SA 3.0
・超広軌列車の車内イメージ（右）
Joachimsthaler, Anton, *Die Breitspurbahn: Das Projekt zur Erschliessung des gross-europaischen Raumes 1942-1945*, Herbig,1985, p.217.

図版出典

第一章

・第一次世界大戦従軍時、20代のアドルフ・ヒトラー
Bundesarchiv, Bild 146-1974-082-44 / CC-BY-SA 3.0
・ユリウス・ドルプミュラー
Bundesarchiv, Bild 102-13302 / CC-BY-SA 3.0
・ドイツ・ライヒスバーン社のエンブレム
https://commons.wikimedia.org/wiki/File:Deutsche_Reichsbahn_Gesellschaft_logo.svg
・「ビアホール一揆」現場跡をのぞむ
著者撮影
・統一(制式)機関車〇一形
Urmelbeauftragter / CC-BY-SA 3.0
・「ラインゴルト」の一等車車内
Bundesarchiv, Bild 102-10450 / CC-BY-SA 3.0

第二章

・ベルリン郊外の駅に停車中のレール・ツェペリン
Bundesarchiv, Bild 183-R98029 / CC-BY-SA 3.0
・ビジネス急行として活躍した「飛ぶハンブルク人」
Bundesarchiv, Bild 102-14151 / CC-BY-SA 3.0
・1934年のライヒスバーン首脳部
DB Museum(eds.), *In Dienst von Demokratie und Diktatur: Die Reichsbahn 1920-1945, Geschichte der Deutschen Eisenbahn (Katalog zur Dauerausstellung im DB Museum)* Bd.2., Nürnberg, 2002(2010), p.70.
・フリッツ・トット
Bundesarchiv, Bild 146-1969-146-01 / Röhn / CC-BY-SA 3.0

my, 1944–1945: Allied Air Power and the German National Railway, Chapel Hill, 1988.

アプルボーム、アン（山崎博康訳）『鉄のカーテン（上）——東欧の壊滅 1944－56』白水社、2019年

サカイヒロマル『ヒトラー 野望の地図帳』電波社、2017年

フリードリヒ、イェルク（香月恵里訳）『ドイツを焼いた戦略爆撃 1940－1945』みすず書房、2011年

シュペーア、アルベルト（品田豊治訳）『ナチス軍需相の証言——シュペーア回想録（上）（下）』中公文庫、2001年

鳩澤歩「『魔の山』をおりて、その先へ——ナチス・ドイツと音楽、その周辺」『学際』4（2017年）、47－61頁

おわりに

コッカ、ユルゲン（辻英史訳）「変容する市民と市民性」石田勇治・川喜田敦子・平松英人・辻英史編『ドイツ市民社会の史的展開』勉誠出版（2020年）所収、3－18頁

ヴィンクラー、H. A.（後藤俊明・奥田隆男・中谷毅・野田昌吾訳）『自由と統一への長い道 ドイツ近現代史〈Ⅰ〉〈Ⅱ〉』昭和堂、2008年

中村真人「天使の降りた場所（11）——ポツダム広場伝説は続く」「ベルリン中央駅」2006年10月11日（http://berlinhbf.com/2006/10/11/707/、2021年7月15日接続）

BArch Berlin-Lichterfelde R5/7056. Fol.2. "Von der Reichsverkehrsminister an die Generaldirektion der Ostbahn Krakau. Betr. Zweisprachtige Betriebsvorschriften, Zum Schreiben 31 B 3 Bav vom 30.April 1942, Berlin, den 22. 05. 1942".

ヴァンゼー会議記念館(編著)(山根徹也・清水雅大訳)『資料を見て考えるホロコーストの歴史——ヴァンゼー会議とナチス・ドイツのユダヤ人絶滅政策』春風社、2015年

カルニツォヴィッチュ、エルニ(増谷英樹・小沢弘明訳)『橋——ユダヤ混血少年の東部戦線』平凡社、1990年

シェーンベルナー、ゲルハルト(土屋洋二他訳)『新版　黄色い星——ヨーロッパのユダヤ人迫害　1933－1945』松柏社、2004年

田野大輔「ミンスクの藪の中——ホロコースト加害者の語りが照らし出すこと——」甲南大學紀要、文学編171(2021年)、119－130頁

チェハノフスキ、J・M(梅本浩志訳)『ワルシャワ蜂起1944』筑摩書房、1989年

ベナリー「現在戦に於ける鉄道工兵隊」日独文化振興会(編)『大ドイツの戦時交通』新紘社(1942年)所収、31－33頁

広田厚司『ドイツの火砲——制圧兵器の徹底研究』光人社NF文庫、2002年

——『ドイツ列車砲＆装甲列車戦場写真集』光人社、2007年

ユンゲ、トラウデル(ミュラー、メリッサ解説・高島市子・足立ラーベ加代訳)『私はヒトラーの秘書だった』草思社文庫、2020年

第七章

Hansen, Randall, *Fire and Fury: The Allied Bombing of Germany and Japan*, London, 2020.

Jones, Robin (ed.), *Railways and the Holocaust: The Trains that shamed the world*, Horncastle, 2013.

Mierzejewski, Alfred C., *The Collapse of the German War Econo-*

テッペル、ローマン（大木毅訳）『クルスクの戦い1943——第二次世界大戦最大の会戦』中央公論新社、2020年
日独文化振興会（編）『ドイツ戦時経済大観』新紘社、1943年
前間孝則『亜細亜新幹線——幻の東京発北京行き超特急』講談社文庫、1998年

第六章

Degen, Michael, *Nicht alle waren Mörder: Eine Kindheit in Berlin*, Düsseldorf (Berlin) 1999.
Gottwaldt, Alfred, *Eisenbahner gegen Hitler. Widerstand und Verfolgung bei der Reichsbahn 1933–1945*, Wiesbaden, 2009.
Gottwaldt, Alfred and Schulle, Diana, *Die "Judendeportationen" aus dem Deutschen Reich von 1941–1945. Eine kommentierte Chronologie*, Wiesbaden, 2005.
Minow, Hans-Rüdiger, *Der Zug der Erinnerung, die Deutsche Bahn und der Kampf gegen das Vergessen*, Stuttgart, 2014.
Sawodny, Wolfgang, *Deutschen Panterzüge im zweiten Weltkrieg*, Dorheim, 1986.
——*Panzerzüge an der Ostfront 1941–1944. (Waffen-Arsenal. Spezial Band 28)*, Dorheim, 2000.
——*German Armored Trains 1904–1945*, Atglen PA, 2010.
Snyder, Timothy, Bloodlands: *Europe between Hitler and Stalin*, 2010.（スナイダー、ティモシー〔布施由紀子訳〕『ブラッドランド——ヒトラーとスターリン 大虐殺の真実〔上〕〔下〕』筑摩書房、2015年）
BArch Berlin-Lichterfelde R5 23133 Bd.2 (Sept., 1940–Jan 1942), "Von Der Reichsverkehrsminister. und Generaldirektor der Deutschen Reichsbahn an Herrn Reichsminister. Betr. Arbeitseinsatz; hier: Zuweisung ausländischer Arbeiter für den Eigenbetrieb der Deutschen Reichsbahn".

1943, Lawrence (Kansas), 2005.
Piekalkiewicz, Janusz, *Die Deutsche Reichsbahn im Zweiten Weltkrieg*, Stuttgart, 2018.
大木毅『独ソ戦——絶滅戦争の惨禍』岩波新書、2019年
立花次郎『ドイツ及びソ連の鉄道運輸に就て』皐月会、1942年
ディルディ、ダグラス・C（橋田和浩監訳）『バトル・オブ・ブリテン1940——ドイツ空軍の鷲攻撃と史上初の統合防空システム』芙蓉書房出版社、2021年
ナゴルスキ、アンドリュー（津守滋監訳・津守京子訳）『モスクワ攻防戦——20世紀を決した史上最大の戦闘』作品社、2010年

第五章

(Deutsche Reichsbahn) "Reichsbahnkamerad, nimm mich mit in die Fremde! (Gebote für den Deutschen Eisenbahner)", in : BArch Berlin-Lichterfelde, R5 3542 Bd.1 ,
Gottwaldt, Alfred, *Geschichte der deutschen Einheits-Lokomotiven: Die Dampflokomotiven der Reichsbahn und ihre Konstrukteure,* Stuttgart, 1978.
——*Wittes Neubaulokomotiven. Die letzten Dampfloks der Deutschen Bundesbahn und ihre Schöpfer 1949 bis 1977*, Freiburg im Breisgau, 2014.
Nerdinger, Winfried (ed.), *Zwangsarbeit in München：Das Lager der Reichsbahn in Neuaubing*, München, 2018.
朝倉希一『技術随筆　汽車』交友社、1956年（「北山敏和の鉄道いまむかし」http://ktymtskz.my.coocan.jp/asakura/e0.htm、2021年8月11日接続）
（木島虎蔵）「ドイツノ戦時機関車ニ就イテ」『鉄道関係諸報告通知』鉄道車輌技術研究会（編）、1943年
ショウォルター、デニス（松本幸重訳）『クルスクの戦い1943——独ソ「史上最大の戦車戦」の実相』白水社、2015年

20. Jahrhundert- ein Arbeitsbericht", in: *VSWG* (90), 2003, 416–28.

Jaskot, Paul B., *The Architecture of Oppression: The SS, forced labor and the Nazi monumental building economy*, London/New York, 2000.

Kos, Wolfgang und Dinhobl, Günter (eds.), *Grosserbahnhof: Wien und die weite Welt*, Wien, 2006.

Kuhlmann, Bernd, *Eisenbahn-Grössenwahn in Berlin: Die Planungen von 1933 bis 1945 und deren Realisierung*, Berlin, 1996.

Scherner, Jonas, "'Armanent in depth' or 'armament in breadth'? German investment pattern and rearmament during the Nazi period" in: *Economic History Review*, 66–2 (2013), 497–517.

クロポトキン、ピョートル（高杉一郎訳）『ある革命家の手記（上）（下）』岩波文庫、1979年

ブルン、ゲルハルト（馬場哲・辻英史訳）「ドイツの都市システムにおける首都ベルリン」今井克人・馬場哲（編著）『都市化の比較史――日本とドイツ』日本経済評論社（2004年）所収、59－82頁

川瀬泰史『シャハト――ナチスドイツのテクノクラートの経済政策とその構想』三恵社、2017年

溝井裕一・細川裕史・齊藤公輔（編）『想起する帝国――ナチス・ドイツ「記憶」の文化史』勉誠出版、2017年

第四章

Anastasiadou, Irene, *Constructing Iron Europe: Transnationalism and Railways in the Interbellum*, Amsterdam, 2011.

Davie, H.G.W., "The Influence of Railways on Military Operations in the Russo-German War 1941–1945" in: *Journal of Slavic Military Studies*, 30–2 (2017), 321–346.

Glantz, David M., *Colossus Reborn: The Red Army At War, 1941–*

齋藤晃『蒸気機関車の興亡』NTT出版、1996年
シュペーラー、マルク／シュトレープ、ヨッヘン（雨宮昭彦・三ツ石郁夫訳）「ナチス経済研究のパラダイムチェンジか――ドイツにおける最新の研究動向」『歴史と経済』第200号（2008年7月）、46－58頁
ストラティガコス、デスピナ（北村京子訳）『ヒトラーの家――独裁者の私生活はいかに演出されたか』作品社、2018年
田野大輔『魅惑する帝国――政治の美学化とナチズム』名古屋大学出版会、2007年
ドイツ連邦共和国交通省（編）（杉山雅洋監修・中田勉訳著）『アウトバーンの歴史――その前史から21世紀まで』流通経済大学出版会、2019年
中村幹雄『ナチ党の思想と運動』名古屋大学出版会、1990年
西牟田祐二『ナチズムとドイツ自動車工業』有斐閣、1999年
古川澄明「ドイツ自動車産業界の『国民車プロジェクト』の発足――フォルクスワーゲン社の成立史研究における予備的考察（1）」鹿児島経大論集26（1985年）－1、89－108頁
ポイカート、デートレフ（木村靖二・山本秀行訳）『（改装版）ナチス・ドイツ――ある近代の社会史』三元社、2005年
ユケッター、フランク（和田佐規子訳）『ナチスと自然保護――景観美・アウトバーン・森林と狩猟』築地書館、2015年

第三章

Damschen, Rainer, "Vor 90 Jahren: Die Hindenburgdamm durchs Wattenmeer wird gebaut", in: *Jahrbuch für Eisenbahngeschichte* 48 (2017/18), 45–60.
Fremdling, Rainer and Stäglin, Reiner, "Die Indutrieerhebung von 1936: Ein Inpu-Output-Ansatz zur Rekonstruktion der volkswirtschaftlichen Gesamtrechnung für Deutschland im 19. und

大森淳史『〈ブリュッケ〉とその時代——個人主義と共同体のあいだで』三元社、2019年

小野塚知二(編)『第一次世界大戦開戦原因の再検討——国際分業と民衆心理』岩波書店、2014年

衣笠太朗『旧ドイツ領全史——「国民史」において分断されてきた「境界地域」を読み解く』合同会社パブリブ、2020年

ゲルヴァルト、ローベルト（小原淳訳）『敗北者たち——第一次世界大戦はなぜ終わり損ねたのか 1917－1923』みすず書房、2019年

平井正『ベルリン〈1923－1927〉虚栄と倦怠の時代』せりか書房、1981年

——『ベルリン〈1928－1933〉破局と転換の時代』せりか書房、1982年

藤原辰史『カブラの冬——第一次世界大戦期ドイツの飢饉と民衆』人文書院、2011年

村上宏昭『世代の歴史社会学——近代ドイツの教養・福祉・戦争』昭和堂、2012年

第二章

Berghoff, Hartmut, Kocka, Jürgen and Dieter Ziegler (eds.) *Germany Business in the Age of Extremes: Essays in Modern German and Austrian Economic History*, Cambridge, et.al., 2013.

Gottwaldt, Alfred, *Eisenbahn-Brennpunkt Berlin: Die Deutsche Reichsbahn 1920–1939*, Stuttgart, 1976.

"Reichsbahnpläne: Das Ende des Gruppenverwaltung Bayerns – Aufgabe der Gesellschaftsform Senkung der Personentarife" in: *Münchener Zeitung* (30.05.1933).

BArch Berlin-Lichterfelde, R5 22178 "Hundertjahrfeier der deutschen Eisenbahnen in Nürnberg am 6. und 7. Dezember 1935".

小野清美『アウトバーンとナチズム——景観エコロジーの誕生』ミネルヴァ書房、2013年

ヘルベルト、ウルリヒ（小野寺拓也訳）『第三帝国——ある独裁の歴史』角川新書、2021年
工藤章『日独経済関係史序説』桜井書店、2011年
田嶋信雄・工藤章（編）『ドイツと東アジア 一八九〇－一九四五』東京大学出版会、2017年
篠原正瑛（編著）『全盛時代のドイツ蒸気機関車』誠文堂新光社、1971年
鴋澤歩『ドイツ工業化における鉄道業』有斐閣、2006年
——『鉄道人とナチス——ドイツ国鉄総裁ユリウス・ドルプミュラーの二十世紀』国書刊行会、2018年
——『鉄道のドイツ史——帝国の形成からナチス時代、そして東西統一へ』中公新書、2020年
——『ふたつのドイツ国鉄——東西分断と長い戦後の物語』NTT出版、2021年

第一章

Hantke, Max and Spoerer, Mark, “The imposed gift of Versailles: the fiscal effects of restricting the size of Germany's armed forces, 1924–29”, in: *The Economic History Review,* 63–4 (2010), 849–864.
“Wilhelm Kleinmann: Staatssekreär im Reichsverkehrsministerium”, *Völkischer Beobachter* (13.02.1937).
雨宮昭彦『競争秩序のポリティクス——ドイツ経済政策思想の源流』東京大学出版会、2005年
有澤廣巳『ワイマール共和国物語（上）（下）』東京大学出版会、1994年
アーレント、ハンナ（大島通義・大島かおり訳）『全体主義の起源２：帝国主義』みすず書房、1972年
ウィーラー＝ベネット、J.（山口定訳）『権力のネメシス——国防軍とヒトラー』みすず書房、1961年

尚子訳〕『地図で読む世界の歴史——ヒトラーと第三帝国』河出書房新社、2000年）

Reichsverkehrsministerium (eds.), *Hundert Jahre deutsche Eisenbahnen: Jubiläumsschrift zum hundertjährigen Bestehen der deutsche Eisenbahnen*, Leipzig, 1938〈2〉.

Rossberg, Ralf Roman (ed.), *Deutsche Eisenbahnfahrzeuge von 1838 bis Heute*, Düsseldorf, 1988.

Shepherd, Ben H., *Hitler's Soldiers: The German Army in the Third Reich*, New Haven and London, 2016.

Stargardt, Nicholas, *The German War: A Nation under Arms, 1939–45*, New York, 2015.

Tooze, Adams, *The Wages of Destruction: The Making and Breaking of the Nazi Economy*, London and New York, 2006.（トゥーズ、アダム〔山形浩生・森本正史訳〕『ナチス　破壊の経済　1923－1945〔上〕〔下〕』みすず書房、2019年）

Die Reichsbahn: Amtliches Nachrichtenblatt der Deutschen Reichsbahn.

阿部良男『ヒトラー全記録 20645日の軌跡』柏書房、2001年

大木毅『ドイツ軍事史——その虚像と実像』作品社、2016年

——『第二次大戦の〈分岐点〉』作品社、2016年

——『灰緑色の戦史——ドイツ国防軍の興亡』作品社、2017年

——『ドイツ軍攻防史——マルヌ会戦から第三帝国の崩壊まで』作品社、2020年

ケルショー、イアン（柴田敬二訳）『ヒトラー神話——第三帝国の虚像と実像』刀水書房、1993年

ストーン、ダン（上村忠男編訳）『野蛮のハーモニー——ホロコースト史学論集』みすず書房、2019年

ベッセル、リチャード（大山晶訳）『ナチスの戦争 1918－1945』中公新書、2015年

Gottwaldt, Alfred, *Deutsche Eisenbahnen im Zweiten Weltkrieg. Rüstung, Krieg und Eisenbahn (1939–1945)*, Stuttgart, 1985 〈2〉.

——*Julius Dorpmüller, die Reichsbahn und die Autobahn: Verkehrspolitik und Leben des Verkehrsministers bis 1945*, Berlin, 1995.

Harrison, Mark (ed.), *The Economics of World War II: Six Great Powers in international Comparison*, Cambridge et.al., 1998.

Hartmann, Christian, Ploeckinger, Othmar, Toeppel, Roman and Thomas Vordermayer (eds.), *Hitler, Mein Kampf - Eine kritische Edition*, München/Berlin, 2016.

Joachimsthaler, Anton, *Die Breitspurbahn: Das Projekt zur Erschliessung des gross-europäischen Raumes 1942–1945*, Herbig, 1985.

Kershaw, Ian, *Hitler: A Biography*, NY/London, 2008 (1998/ 2000).（カーショー、イアン〔石田勇治監修、川喜田敦子・福永美和子訳〕『ヒトラー〔上〕: 1889－1936　傲慢／〔下〕: 1936－1945　天罰』白水社、2015／2016年）

Liebl,T., Stroffels, W., Krummheuer, E., et.al., *Offizieller Jubiläumsband der Deutschen Bundesbahn; 150 Jahre Deutsche Eisenbahn*, München, 1985.

Mierzejewski, Alred C., *The Most Valuable Asset of the Reich: A History of the German National Railway, vol.1/2*, Chapel Hill, 1999/2000.

Nerdinger, Winfried (ed.), *München und der Nationalsozialismus: Katalog des NS-Dokumentationszentrums München*, München, 2015.

Overy, Richard, *The Penguin Historical Atlas of the Third Reich*, London et.al., 1997.（オウヴァリー、リチャード〔永井清彦監訳・秀岡

主要参考・引用文献

全般にわたる参考文献

Aldcroft, Derek H. and Morewood, Steven, *The European Economy Since 1914 Fifth Edition,* London / New York, 2013.

DB Museum (eds.), *In Dienst von Demokratie und Diktatur: Die Reichsbahn 1920–1945, Geschichte der Deutschen Eisenbahn (Katalog zur Dauerausstellung im DB Museum) Bd.2.*, Nürnberg, 2002 (2010).

——*Auf getrennten Gleisen: Reichsbahn und Bundesbahn 1945–1989, Geschichte der Deutschen Eisenbahn (Katalog zur Dauerausstellung im DB Museum) Bd.3.*, Nürnberg, 2001.

Deutsche Reichsbahn-Gesellschaft (eds.), *Wirtschaftsführung und Finanzwesen der Deutschen Eisenbahn,* Berlin, 1934.

Eisenbahnjahr Ausstellungsgesellschaft mbH (eds.), *Zug der Zeit, Zeit der Zuge : deutsche Eisenbahn 1835–1985* Bd.1/Bd.2, Nürnberg, 1985.

Eichholtz, Dietrich, *Texte 1992–2016*, Berlin, 2020.

Evans, Richard, *The Coming of the Third Reich: How the Nazis Destroyed Democracy and Seized Power in Germany*, London, 2003.（エヴァンズ、リチャード〔大木毅監修・山本孝二訳〕『第三帝国の到来〔上〕〔下〕』白水社、2018年）

——*The Third Reich in Power: How the Nazis Won Over the Hearts and Minds of a Nation, 1933–1939*, London, 2005.

——*The Third Reich at War: How the Nazis Led Germany from Conquest to Disaster*, London, 2008.

Gall, Lothar v. und Pohl, Manfred (eds.), *Die Eisenbahn in Deutschland —Von den Anfängen bis zur Gegenwart,* München, 1999.

鴋澤 歩《ばんざわ・あゆむ》
1966年生まれ。大阪大学大学院経済学研究科教授。
大阪大学大学院経済学研究科博士後期課程中退、
在ベルリン日本国総領事館（当時）専門調査員などを経て現職。
専門は近現代ドイツ経済史・経営史。博士（経済学）。
著書に『ドイツ工業化における鉄道業』
（有斐閣、第50回日経・経済図書文化賞）、
『鉄道人とナチス』（国書刊行会、第44回交通図書賞、
第20回鉄道史学会・住田奨励賞）、
『鉄道のドイツ史』（中公新書）、『ふたつのドイツ国鉄』（NTT出版）、
共著に『西洋経済史』（有斐閣アルマ）など。

NHK出版新書 663

ナチスと鉄道

共和国の崩壊から独ソ戦、敗亡まで

2021年10月10日 第1刷発行

著者 鴋澤 歩 ©2021 Banzawa Ayumu
発行者 土井成紀
発行所 NHK出版
〒150-8081 東京都渋谷区宇田川町41-1
電話 (0570) 009-321（問い合わせ） (0570) 000-321（注文）
https://www.nhk-book.co.jp（ホームページ）
振替 00110-1-49701

ブックデザイン albireo
印刷 新藤慶昌堂・近代美術
製本 藤田製本

Printed in Japan ISBN978-4-14-088663-2 C0222

NHK出版新書好評既刊

デジタル・ファシズム
日本の資産と主権が消える
堤 未果
行政、金融、教育――日本の公共システムが、米中巨大資本に食われる！ 気鋭のジャーナリストが明かす「日本デジタル化計画」驚愕の事実。
655

鎌倉殿と執権北条氏
義時はいかに朝廷を乗り越えたか
坂井孝一
伊豆の地方豪族だった北条氏は、いかに流人時代の頼朝と出会い、熾烈な権力闘争の末に承久の乱を制したのか。時政・政子・義時を軸に描きだす。
661

日本人にとってキリスト教とは何か
遠藤周作『深い河』から考える
若松英輔
神とは、死とは、信仰とはどういうものか。いま最も旺盛な活動を続ける批評家が、遠藤文学の集大成『深い河』を軸に、霊性と宗教の交点を見出す。
662

ナチスと鉄道
共和国の崩壊から独ソ戦、敗亡まで
鴋澤 歩
新車輌開発競争、交通政策をめぐる組織内外の駆け引き、鉄道からみた独ソ戦、死の特別列車――。知られざる歴史を、通史として描き出す。
663

ポスト・ヒューマニズム
テクノロジー時代の哲学入門
岡本裕一朗
なぜいま、哲学で「人間」が問題となるのか。「思弁的実在論」「加速主義」「新実在論」など、21世紀現代哲学を、具体的論点を踏まえて明瞭に解説！
664